图说"赛·课堂" 细议数字化

上海小学科学教学数字化转型实践探索

赵伟新 著

上海科技教育出版社

图书在版编目(CIP)数据

图说"赛·课堂" 细议数字化:上海小学科学教学数字化转型实践探索 / 赵伟新著. -- 上海：上海科技教育出版社，2025.1(2025.5重印). -- ISBN 978-7-5428-8288-2

Ⅰ.G623.62

中国国家版本馆CIP数据核字第2024BW5251号

责任编辑　蔡　洁
封面设计　符　劼

图说"赛·课堂"　细议数字化
——上海小学科学教学数字化转型实践探索
赵伟新　著

出版发行		上海科技教育出版社有限公司
		（上海市闵行区号景路159弄A座8楼　邮政编码201101）
网	址	www.sste.com　www.ewen.co
经	销	各地新华书店
印	刷	上海华顿书刊印刷有限公司
开	本	720×1000　1/16
印	张	10.75
版	次	2025年1月第1版
印	次	2025年5月第2次印刷
书	号	ISBN 978-7-5428-8288-2/G·4962
定	价	48.00元

代序
数字驱动，科学教育的新力量

"数字"如今已经成为所有领域的高频词，如数字经济、数字金融、数字乡村、数字技术、数字消费、数字基础设施等。在教育领域，数字化和数字教育的探索也成为当前研究和实践的热点。本书很好地展示了上海小学科学教学数字化转型实践探索的成果，有很强的实践意义和示范作用。

数字化是一个从初步探索到不断深化的过程。1946年2月14日，在美国宾夕法尼亚大学诞生了人类第一台电子管通用计算机"ENIAC"，标志着电子计算时代的开始，并在人类数字化进程中扮演了重要角色。此后，随着计算机技术、互联网技术、云计算和大数据技术，以及人工智能技术的不断发展，人类在物质世界和精神世界的基础上，逐步构建起一个日益丰富的数字世界。

教育数字化是随着数字技术的不断发展，把现有的教育目标、内容、方式逐步转化为数字形式的过程。在此基础上，数字教育构建了一种全新的教育模式。人类将进入超级学习阶段，教育的传统逻辑正在被重塑，全球教育都在朝"为创新而学"转向。虽然我们还没有搞清楚人类智能的机理，但是生命进化过程中神经系统的漫长演化历程告诉我们，从感和应到知和觉，蕴含着人类智能进化的深层奥秘。而从20世纪50年代开始的人工智能演进史，有着与人类神经系统演化相似的历程，只不过生命神经系统的自然演进花了40亿年时间，而人工智能发展到目前高度智能的状态仅仅花了70余年时间。技术发展的规律表明，技术进化会越来越快，无论是ChatGPT还是Sora，都只是开始。可以预见，以强大算力和算法支持的数字大脑，将在学习能力、学习范围和学习深度上远超人类。

科学教学的数字化过程，从引入数字化实验到实现课堂教学数字化，经历了一个逐步进化的阶段。最本质的变化是数字化从仅仅作为实验探究的工具，逐渐转变为支撑整个课堂教学的支架，由此实现了教学模式的变革与质量提升。20年前，数字化实验系统已成为上海中小学理科课程改革的重要手段。该系统利用数字化传感器和数据处理平台，将传统科学实验中的现象和数据以数字化的方式呈现和分析。这样，学生能够观察到以前难以看到的科学现象，并利用软件工具进行分析，自行总结科学规律。而"赛·课堂"则实现了小学科学教育范式的转变，从数字化情境、数字化实验、数字化资源到数字化评价，整体上形成了数字驱动的教学流程，用数字化拓宽了"做""想""讲"的时空，使数字化成为学生主动学习的伙伴，大大丰富了科学教育的内容与形式。

数字教育首先会重新定义知识。传统学习中，知识是名词，是对物质世界和精神世界中各种现象的描述和对逻辑关系的解释，教育最重要的目的是要实现知识的传递，实现人类文化的传承。不过，新的科学教育正在朝"为创新而学"转向。在未来，知识也可以是动词，通过学习要实现的是对世界的理解并形成见识。我们的学校教育一直在给学生提供过度的知识与信息，使学生对知识产生了厌倦。科学教育只有转向到让学生自己发现现象、自己组织信息、形成自己的见识，才是必然选择。"赛·课堂"使得科学教学数字化，在这个方面展现了极其丰富、有趣的案例。

数字教育需要重新定义学习。一方面，学习过程中，智慧形成的层级关系没有改变，学会使用身体、语言和情感的能力依然重要，这说明蕴含丰富价值判断、思维工具和解决问题方法的经典人文、科技、数学知识始终是学生学习的内容。另一方面，学习将变得更多样、更公平、更自由、更充满想象力。正如同残障人士借助汽车、飞机等技术产品实现旅行自由一样，现在，普通人也能通过数字技术这一新工具，获得发现现象与规律的创造性能力。特别是科学自身的工具化，意味着普通人都可以深度参与科学探索和新世界的创造。由于个人利用新技术的成本降低，机会增多，因此每个人通过自由研究产生新发现的可能性也在相应提高。数字化不仅是学习工具，更是未来科学探究与发现的重要基础，在小学阶段推行科学教学的数字化，其深刻意义就在于此。

数字教育的关键不在于技术本身，而在于如何在数字世界中重构教育范式，扩展学习与发展的空间。通过发展数字教育，我们旨在提升教育质量，促进教育公平，进而实现人的真正价值。身处快速变化的世界，非常期待看到更多像"赛·课堂"这样优秀的实践范例，让教育拥有更强大的力量，让孩子们拥有更美好的未来。

上海科技馆馆长　倪闽景
2024 年 10 月

目录

第一章 数字化转型：历程与收获 / 1

第一节 因数而起 / 2
一、图说：从数字化实验到教学数字化 / 2
二、细议：转型各阶段的研究重点和教学样态 / 3

第二节 因数而变 / 7
一、图说：上海小学科学教学数字化课堂实践模式 / 7
二、细议：上海小学科学教学数字化课堂实践模式的教学价值 / 8

第三节 因数而智 / 12
一、图说：教学数字化的基本特征 / 12
二、细议：教学数字化基本特征的内涵 / 12

第二章 "赛·课堂"：意蕴与架构 / 17

第一节 因学而创 / 18
一、图说：从"赛灵格"到"赛·课堂" / 18
二、细议："赛·课堂"的建构理念与实践优势 / 19

第二节　因学而构 / 22
　　一、图说:"赛·课堂"外显部分组织架构 / 22
　　二、细议:外显部分组织架构的设计要义 / 23

第三节　因学而设 / 27
　　一、图说:"赛·课堂"的时间轴 / 27
　　二、细议:数字特征课堂教学进程的编辑 / 27

第四节　因学而择 / 32
　　一、图说:"赛·课堂"的时间轴赋值功能菜单 / 32
　　二、细议:为数据驱动的"精彩课堂"而"埋点" / 33

第三章　"赛·课堂":"埋点"与支架 / 39

第一节　因埋而巧 / 40
　　一、图说:组合式支架之学生设计支架 / 40
　　二、细议:学生设计支架的主要作用和"埋点"操作 / 40

第二节　因埋而活 / 52
　　一、图说:组合式支架之活动数据支架 / 52
　　二、细议:活动数据支架的主要作用和"埋点"操作 / 53

第三节　因埋而宜 / 64
　　一、图说:组合式支架之学生阅读支架 / 64
　　二、细议:学生阅读支架的主要作用和"埋点"操作 / 64

第四节　因埋而新 / 73
　　一、图说:组合式支架之过程评价支架 / 73
　　二、细议:过程评价支架的主要作用和"埋点"操作 / 74

第四章　教学数字化：变革与提升 / 83

第一节　因融而变 / 84
一、图说："赛·课堂"引发教学终端的变化 / 84
二、细议：数字技术推动教学主体走向学生中心 / 85

第二节　因融而革 / 88
一、图说："赛·课堂"赋能小学科学课堂教学设计 / 88
二、细议：数字化转型中的小学科学课堂教学设计 / 89

第三节　因融而跃 / 113
一、图说：上海市闸北田家炳小学科学教学数字化实施路径 / 113
二、细议：教学数字化赋能学校科学教育质量的提升 / 113

第五章　教学数字化：前景与展望 / 117

第一节　因创而腾 / 118
一、图说：DIS+"赛·课堂"——中小学科学教育的两大助推器 / 118
二、细议："赛·课堂"进一步赋能科学教育的思考 / 119

第二节　因创而盈 / 121
一、图说：上海小学科学数字化课程资源开发路径 / 121
二、细议：数字化课程资源开发的意义价值与学科操作 / 122

第三节　因创而更 / 124
一、图说：核心素养导向、数字技术赋能下的小学科学教学数字化未来课堂实践模式 / 124
二、细议：教学数字化对小学科学教学范式的影响 / 124

■ **参考文献** / 127

■ **附录** / 129

  附录1 《实验教学的新实践——上海市小学数字化实验应用案例
     100例》简介 / 129
  附录2 "三个助手"使用教程链接(小学科学)/ 129
  附录3 细化课时教学设计的案例 / 130
    课例1 船的漂浮 / 130
    课例2 声音的变化 / 139
    课例3 斜面 / 148

■ **后记** / 159

01 第一章
数字化转型：历程与收获

教学的数字化转型是基础教育现代化与高质量发展的大势所趋，是教育数字化转型的核心和根本落脚点。2014年起，上海市小学科学学科倡导在教学中使用数字化实验系统（简称DIS[①]），与上海市中小学数字化实验系统研发中心共同开发"赛·课堂"教学系统（以下简称"赛·课堂"），积极探索数字技术在科学教学中的应用。

十年间，围绕"数字化"这一热词，上海市小学科学学科历经数字化实验、实验数字化、流程数字化和教学数字化四个应用研究阶段，建构教学数字化的"情境—活动"课堂实践模式，形成科学课堂教学的新样态。

上海小学科学学科的实践证明，教学数字化为落实核心素养的培育提供了切实有效的帮助，为学生的"做""想""讲"提供了更为丰富多彩的时空，可以促进学科教与学方式的变革，有效提升科学学科课堂教学质量。

[①] DIS 即 Digital Information System，原指数字化信息系统，后数字化实验系统沿用 DIS 这一简称。

第一节　因数而起

一、图说：从数字化实验到教学数字化

如图1-1-1所示，从2014年起，基于数字技术的发展和满足学生适应未来社会的需要，上海市小学科学在学科教学中积极探索"科学课程与信息技术的深度融合"，倡导DIS的应用，以技术赋能教学与评价。2016年开始，上海市小学科学学科教研团队与上海市中小学数字化实验系统研发中心共同开发"赛·课堂"，支持小学科学教学数字化转型工作。

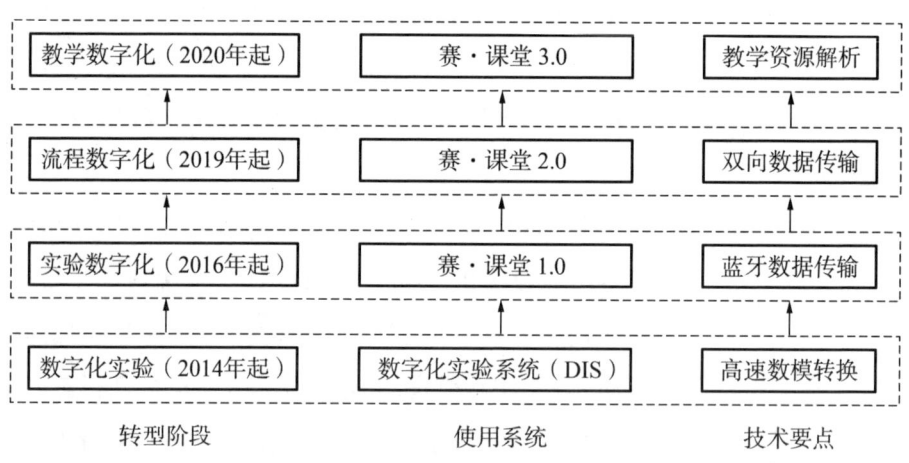

图1-1-1　上海市小学科学教学数字化转型历程

借助DIS和不断迭代的"赛·课堂"这两个数字化系统，在历时十年的实践推进中，上海市小学科学学科实现了从数字化实验到实验数字化，再到流程数字化和教学数字化的"跃迁"，建构了教学数字化的"情境—活动"课堂实践模式。

基于DIS，上海市小学科学学科开发了100多个涉及物质科学、生命科学、地球与宇宙、技术与工程，以及综合实践活动等领域的数字化实验。数字化实验成为小学科学学科实验教学的重要组成部分，成为上海市小学科学教育数字化转型的起点。

在"赛·课堂"的支持下，上海市小学科学学科已开设100多节市级及以上

的教学研究与展示课，全市已有400多所学校的小学科学学科教师使用"赛·课堂"开展教学研究与实践，教学数字化成为上海市小学科学教育数字化转型的发力点。

二、细议：转型各阶段的研究重点和教学样态

上海小学科学学科教学数字化转型经历了四个应用研究阶段，分别为数字化实验、实验数字化、流程数字化和教学数字化。因教学需求不同，不同阶段的研究重点不同；因技术赋能的实现水平不同，呈现出的课堂教学样态也不同。

（一）引进数字化实验阶段

数字化实验系统是指利用传感器、数据采集器等自动采集实验数据，用计算机软件分析实验数据，进而得出实验结果的现代化实验系统。数字化实验就是利用数字化实验系统替代传统测量工具开展的实验。

1. 研究重点

这一阶段的研究重点：探究 DIS 对小学科学课堂变革的作用。利用 DIS，教师在课堂上借助小学生易于理解的数字，显示实验证据，突出教学重点，突破教学难点，为学生形成科学概念提供帮助，为学生体验科学技术对于学习的重要性提供最好的示例，也可以为学生将信息化工具作为学习伙伴搭建平台。其对科学课堂变革的作用如图 1-1-2 所示。

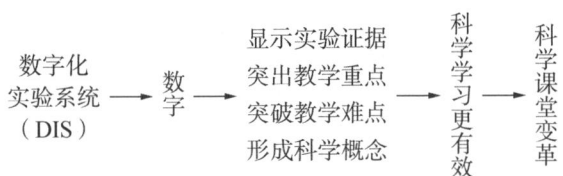

图 1-1-2　DIS 对小学科学课堂变革的作用

2. 教学样态

这一阶段呈现的教学样态：实验教学的时空得以重新分配。利用 DIS，小学生不会因为动手操作繁难、记录和计算过程烦琐等，而忽略实验过程中的任何现象，有更多的时间去设计、思考与分析，实现了课堂学习时空的重新分配。利用

DIS，可以使很多难以测量或难以控制的实验顺利进行，也使很多实验的测量精度大大提升。同时，教师借助 DIS 创新设计了不少实验，整体提升了上海小学科学实验教学的质量。

DIS 应用高速数模转换技术，实现实验测量数据的自动采集，学生的学习变得更有效，科学课堂发生了变革，达成了我们把信息化工具作为学生学习的伙伴、促进学生对科学概念深入理解的研发初心。

（二）促进实验数字化阶段

实验数字化是指通过专用的数字化信息控制系统，将学生实验各个过程的信息经数字化转换后输入系统，通过软件处理，输出为课堂教学时师生所需的信息。

1. 研究重点

这一阶段的研究重点：数字化转换的实验数据更好地为小学科学课堂服务。

"赛·课堂"是具有创见性的数字化课堂，它是支持师生共同完成课堂教学任务、开展即时交流互动和评价反思，以及留存教学档案的数字化信息控制系统。初成的"赛·课堂"1.0 版本的主要功能是将学生的猜想假设、方案设计、分析归纳、解释问题和学习评价等探究实验过程的信息转换成数字形式，输入系统，然后以数字或教师预设图表等方式即时输出，反馈呈现在"教师端"电脑、"学生端"电脑和"教室端"电子大屏幕上，成为师生课堂互动交流的生成性资源。

2. 教学样态

这一阶段呈现的教学样态：小学科学实验全过程数字化转换。

"赛·课堂"1.0 版本应用蓝牙数据传输等技术，达成了将学生实验全过程进行数字化转换的革新需求。基于"赛·课堂"1.0 版本，可以围绕科学探究实验中涉及的问题、证据、解释和交流等要素，有序开展数字化教学实践。这样，可以进一步丰富实验数据的形式，拓展实验数据的广度和深度。

科学课堂教学从数字化实验走向实验数字化，实验数字化成为上海市小学科学教学数字化转型的切入点。

（三）跨进流程数字化阶段

流程数字化是指通过专用的数字化信息控制系统，将课堂教学中情境创设及各种新知形成和应用活动，包括实验、观察、模拟、体验、阅读和制作等探究实践活动的信息，通过数字化升级手段输入系统，通过系统处理后即时输出，反馈呈现在"教师端"电脑、"学生端"电脑和"教室端"电子大屏幕上，成为师生课堂互动交流的生成性资源。

1. 研究重点

这一阶段的研究重点：数字化升级助力教师调控课堂教学全过程。

为满足从"支持实验教学"演变为"助力教师调控课堂教学全过程"的发展需求，"赛·课堂"升级形成了2.0版本。其主要功能是为教师定制数字化课堂，将课堂教学所有流程生成的数据，包括师生评价的数据信息数字化，并进行集成处理和反馈，为师生开展课堂教学提供支架与工具。利用"一台贯通，一键到底"的方式，教师在课堂教学中不再需要与其他系统或软件切换，由此可以更加有效地调控课堂教学。

2. 教学样态

这一阶段呈现的教学样态：课堂教学全流程数字化，突出"做""想""讲"的融合。

"赛·课堂"2.0版本应用实时双向数据传输等技术，实现课堂教学全流程信息的回收与反馈，提高了师生课堂互动的成效和课堂教学的效益。基于"赛·课堂"2.0版本，可以将课堂教学全流程纳入数字化信息控制系统，保证教学信息传递的全面性和准确性，助力教师课堂教学调控能力的提升。

科学课堂教学从实验数字化走向流程数字化，流程数字化成为上海市小学科学教学数字化转型的着力点。

（四）推进教学数字化阶段

教学数字化是指通过专用的数字化信息控制系统，数字化处理学科教学中一切可数字化的信息，重构课堂教学样态和运作模式，彰显科学教育的核心价值。实现教学数字化，是小学科学教学数字化转型的必经之路。

1. 研究重点

这一阶段的研究重点：支持教师自主创建数字化课堂，促进教师、学生和环境的共融共生。

为满足从"定制数字化课堂"发展为"形成通用系统"的变革需求，迭代形成了"赛·课堂"3.0版本。其主要功能有设置教师备课支架、设立学生个体账号、留存教学过程资料和提供单元评价反馈等。"赛·课堂"3.0版本既支持教师自主创建数字化课堂,又支持师生共同完成课堂教学任务,开展即时交流互动和评价反思,还支持师生查阅档案资料来改进教与学方式,成为教师教学、学生学习和环境支持共融共生的数字化教学系统。

2. 教学样态

这一阶段呈现的教学样态:教师教学、学生学习和环境支持共融共生。

"赛·课堂"3.0版本应用教学资源解析等技术,实现教师备课、课堂教学和作业辅导的数字化,为教师常态化实施数字化教学提供了精明强干的备课、教学和作业辅导助手,可以更好地促进教师、学生和环境的共融共生。

基于"赛·课堂"3.0版本,可以引导教师突出单元视角,将教师教学、学生学习和环境支持的信息数字化。教师可以在"教师端"电脑中开展备课、授课和查阅档案等三项工作,包括作业的设计、布置和批改;学生可以在"学生端"电脑中完成学习活动和查阅档案两大任务,包括完成作业;"教室端"电子大屏幕实时呈现教学过程、学生活动中的过程数据与各类统计图表,成为教学互动的通道。

小学科学的教学正在向教学数字化进军。

第二节 因数而变

一、图说：上海小学科学教学数字化课堂实践模式

小学科学课堂教学以科学探究为核心，依据探究要素展开，突出概念建构。课堂教学以"情境—活动"模式展开，通过课堂教学情境的创设，激发学生的学习兴趣，引发科学探究问题，引导课堂后续学习；通过提出问题与作出假设、搜集证据、处理信息和解释问题等探究过程，形成科学认知；通过应用所学，巩固所学科学概念和实践技能。上海市小学科学学科将数字化实验研发作为学科数字化转型的起点，积极推进课程建设和教学改革，力图使课堂气象焕然一新。通过在数字化实验、实验数字化、流程数字化和教学数字化等不同阶段的实践探索，建构教学数字化的"情境—活动"课堂实践模式（图1-2-1），将单元视角自然融入教师课堂教学设计之中，促进学科教与学方式的进一步转变。

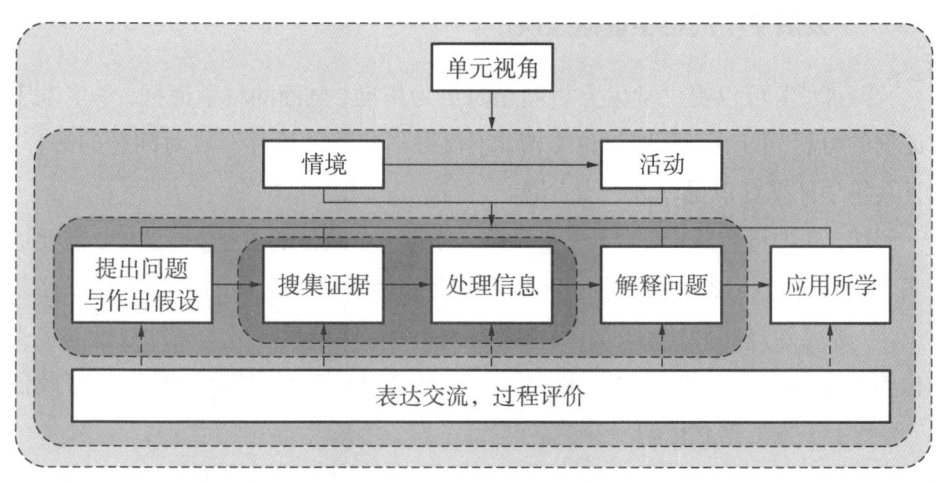

图1-2-1 上海市小学科学教学数字化"情境—活动"课堂实践模式

在"情境—活动"课堂实践模式中，起始的引进数字化实验阶段主要在"搜集证据""处理信息"两个探究要素上实现数字化，突出学生的"做"；在此基础

上进入实验数字化阶段，着重将"提出问题与作出假设""解释问题"两个要素实现数字化，突出学生的"想"和"讲"；在流程数字化阶段，主要是将课堂教学全流程数字化，包括"表达交流"和"过程评价"的数字化，全面突出情境的创设、科学认知的形成和所学知识的应用；而在教学数字化阶段，则是引领教师从课程走向教学，在教学设计、课堂教学和学生学习的过程中，突出单元视角，强化教学的整体性和结构化，通过"做""想""讲"的结合，进一步提高学科教学质量。

这一模式也呈现了小学科学数字化课堂的进阶。可以据此分析、判断数字化课堂的实施质量。

二、细议：上海小学科学教学数字化课堂实践模式的教学价值

在核心素养导向的教育改革背景下，小学科学亟待解决的问题是"如何在科学教学中落实核心素养的培育"。上海小学科学教学数字化"情境—活动"课堂实践模式为落实学生核心素养培育提供切实有效的帮助。

（一）发展学生的科学证据意识

"赛·课堂"可以提供学生分析问题时更为精准、全面的科学证据，学生基于对证据的分析、归纳而开展讨论交流，不仅得出实验结论并形成对问题的解释，而且其科学证据意识得以进一步发展。

例如，在沪科教版《自然》三年级第二学期《小磁针的奥秘》一课中，需要通过实验检验并分析磁化后的小磁针是否具有磁性及磁性强弱的分布。在以往教学中，一般是通过将磁化后的小磁针吸引大头针，比较其吸引大头针数量的多少来检验的。但由于磁化后小磁针磁性较弱，依传统实验的精度很难形成有效证据，不利于学生证据意识的培养。

而教师采用教学数字化"情境—活动"课堂实践模式，在"搜集证据"这一探究要素中，利用DIS磁感应强度传感器开展数字化实验，学生可以测得小磁针上不同部位磁性强弱的精准数据；通过"赛·课堂"形成的小组及全班数据表和雷达图，用作分析归纳形成正确结论的证据，可使学生的"做""想""讲"更科学。数字化实验将原本不精准的实验转变为精准的定量实验，"赛·课堂"可以汇总精准的实验数据，通过全班数据的汇总，帮助学生形成可靠的、具有普遍性的实验

结论,提升学生讲求科学证据的意识。

(二) 提升学生的科学探究能力

在学生开展科学探究的过程中,可以通过"赛·课堂"和DIS将学习全过程中的信息数字化,带来更多用于解决问题的科学证据,促进学生科学探究能力的持续提升。

例如,在沪远东版《自然》三年级第二学期《池塘——一个特殊的栖息地》一课中,以往因缺少开展相关探究实验的条件,课内的两项学习内容通常由教师提供图文或视频资料,学生通过阅读、观察及交流、讨论等活动形式来理解知识。

而教师采用教学数字化"情境—活动"课堂实践模式,学生可以先利用"赛·课堂"提供的课前调查汇总信息和阅读资料,形成有关池塘的概念,并提出如何验证"池塘水温变化比周围气温变化小"的问题;然后,利用DIS温度传感器搜集证据,上传系统,分析小组数据和系统汇总的全班实验数据图表,从小组结论过渡到普遍结论,最终解释问题,经历了一个较为完整的科学认知形成过程。教学数字化"情境—活动"课堂实践模式解决了以往学生只能通过分析图片或观看视频形成新知和解释问题的难题,课堂上"做""想""讲"的时空更加开阔,活动更加丰富,学生的科学探究能力得到进一步提升。

(三) 提高学生的科学思维水平

课堂教学始于情境,情境可以激发探究的欲望,引发探究的问题和引导后续的学习;学生通过探究学习,在解决问题的过程中形成科学认知,并应用新知识解释生产和生活中的简单问题,促进学生科学思维的发展。"情境—活动"全流程数字化带来了课堂教与学方式的转变。

例如,在沪科教版《自然》二年级第二学期《物体的沉和浮》一课中,需要创设情境引发探究的问题,再组织学生作出猜想,通过实验验证猜想并应用所学解决简单问题。在以往教学中,汇总所有小组的数据较为麻烦,因此学生分析归纳、解释问题一般只能以所在小组搜集到的数据为依据。

而教师采用教学数字化"情境—活动"课堂实践模式,调整了该课的流程:首先,通过"赛·课堂"提供适合二年级学生认知特点的"小兔过河"情境,引导学生产生解决问题的迫切愿望;然后,由系统即时统计反馈全班学生对于不同物体在水中沉浮情况的猜想，呈现在"教室端"电子大屏幕上，使学生的思维可视化，并形成思维的冲突，引发学生产生验证自己猜想的愿望；接着，在教师的引导下，学生利用系统搜集实验证据，基于所有小组的实验证据，开展小组分析归纳、大组表达交流活动，形成"物体在水中有沉有浮"的科学认知；在应用新知的活动中，学生依据所学知识选择合适的工具，以拍摄短视频方式记录小组帮助"小兔过河"的过程，并上传系统，既是分享探究成果，也作为大组交流的资料。"赛·课堂"同步进行的数据记录和统计使数据交互更便捷，解决了以往难以统计全班所有小组数据的问题，而且学生的"做""想""讲"更充分，科学思维更深入。教学数字化"情境—活动"课堂实践模式成为教师解决课堂教学"重流程轻思维"现象的良好途径。

（四）促进学生核心素养培育

教学数字化为落实核心素养培育提供切实有效的帮助。教学数字化"情境—活动"课堂实践模式引导教师突出单元视角，从教学情境的创设、概念形成和应用活动的设计到过程评价的设计等方面，建构具有整体性和结构化的教学，为学生的探究实践提供更为丰富多彩的时空。

例如，沪科教版《自然》四年级第一学期第八单元《声音与振动》，以往教师一般按照教材编排顺序开展教学，逐个完成关于声音与振动中相应知识点的教学，知识结构化和活动结构化不够突出和凸显。

而教师采用教学数字化"情境—活动"课堂实践模式，对该单元内容进行重组，针对重组后的单元，以"问题—任务"形态为特征开展单元教学，努力实现教与学方式的变革。在教学设计时，教师创设"探秘乐器发声的原理"单元大任务，把单元教学放在一个更大、更连贯、更结构化的课程框架中，落实学生核心素养的培育。在"赛·课堂"和 DIS 支持下，学生通过六个课时的学习，有了更多体验、实验、专题研究和汇报展示等探究与实践的时空。学生以留存在个人"数字档案袋"中的过程数据作为解释问题的证据，结合单元所学知识和技能完成单元学习大任务，在活动过程中理解声音与振动的关系，在提升科学思维的同时发展态度责任，其核心素养得到培育。

教学数字化"情境—活动"课堂实践模式引导教师突出单元视角，从教学情境的创设、概念形成和应用活动的设计到过程评价的设计等方面,建构具有整体性和结构化的教学,形成"师生终端互联,行为数据驱动"的课堂教学新样态;指引教师灵活调整人员、内容和资源等的组织方式,将"做中学"与"书中学"两种认知方式并举,给学生提供更多元和更丰富的实践方式,增强教师、学生和环境三者之间的共融共生,以实现教与学方式的变革;要求教师重点培养学生探究实践方案制订、数据积累和分析、表达与表现、良好习惯及团队合作等,丰富学生自主、合作、探究学习的时空,形成更多以问题解决为特征的课堂教学,以落实学科育人方式和教学方式的变革。

第三节 因数而智

一、图说：教学数字化的基本特征

基于上海市小学科学教学数字化转型的实践，学习借鉴其他学科数字化转型的经验和其他行业数字化转型的成果，可以将小学科学教学数字化的基本特征概括为相互连接、教学在线、资源共享和反馈智能。这四个基本特征是在上海市小学科学教学数字化转型不同阶段中形成的（图1-3-1）。在"跃迁"的过程中，每个阶段都会有新的基本特征，也就是"增量特征"，且原有特征的内涵也会随着"跃迁"而不断丰富。其中，"相互连接"和"教学在线"是小学科学教学数字化的两个基础特征，"资源共享"是关键特征，而"反馈智能"是升华特征。随着数字技术在教育场景中的深入应用和小学科学教学数字化转型的不断深入，"反馈智能"这一特征将成为小学科学教学数字化最核心的特征，为教师智能化调控教学和学生进行个性化学习提供核心支撑。

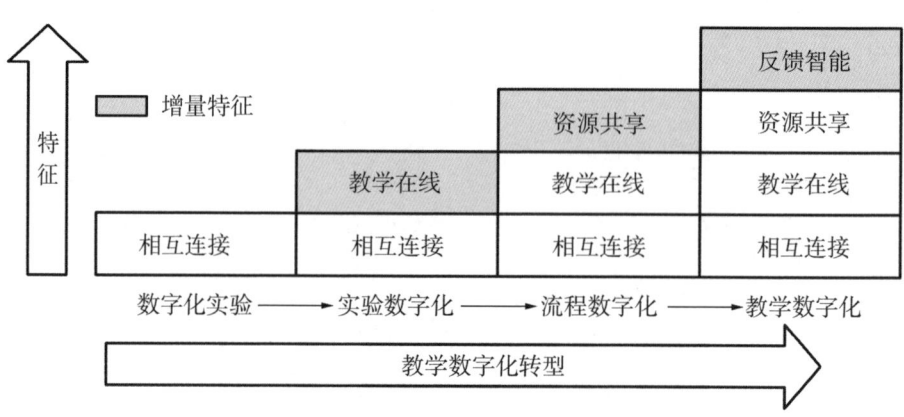

图 1-3-1 小学科学教学数字化基本特征

二、细议：教学数字化基本特征的内涵

小学科学教学数字化为落实核心素养培育提供切实有效的帮助，对其基本特征的内涵及相互关系的理解有助于提升对教学数字化的认识。

（一）相互连接是基础特征之一

教学数字化首先需要教师、学生和环境等层面的互联互通，也就是实现"相互连接"，主要表现为课堂内的互联互通和课堂内外的互联互通。课堂内的互联互通是指教师、学生、环境之间的人与人、人与物、物与物之间的全连接；课堂内外的互联互通是指课堂内使用的数字化信息控制系统与云端数据空间的即时连接。"相互连接"是教学数字化的基础之一。

无论是数字化实验、实验数字化，还是流程数字化和教学数字化，都需要信息的交互，都需要稳定、可靠、集成和高效的全连接网络。在教学数字化转型的过程中，上海市小学科学学科始终坚持先进性和前瞻性，伴随数字技术的发展，"赛·课堂"支持下的教学逐步走向泛在互联，即"相互连接"无处不在。

（二）教学在线是另一个基础特征

在"相互连接"的基础上，通过流程数字化实现"教学在线"，主要表现为教学流程在线和教学组织在线。教学流程在线是指着眼于流程视角，重新梳理教学流程，在数字化信息控制系统的支持下保证教学流程与数据流的同步和共生，以获得高效、高质量的课堂教学；教学组织在线是指课堂教学中教师、学生和环境之间的组织在线，保持人与人、人与物、物与物之间无障碍地连接，从而保证协同更加流畅，沟通更加有效。"教学在线"是教学数字化的另一个基础特征。

无论是实验数字化还是流程数字化或教学数字化，都需要数字化信息控制系统支持下的教学流程在线和教学组织在线。"赛·课堂"2.0版本中的"系统时间轴"将上海市小学科学"五线并进"（"五线"即问题线、活动线、小结线、评价线和资源线）教学流程转化为具有整体性与进程性特质的数字化课堂架构。在备课时，教师可以在"系统时间轴"中，横向将课堂学习活动作为数字化课堂的各个进程，纵向将各个活动的环节作为子进程、孙进程，建构纵横双向的数字化课堂教学流程。

（三）资源共享是关键特征

在"相互连接"和"教学在线"的基础上，把具有共性特点的、能够集中的数据提供给教师和学生，就是通过信息数字化和数据资源化等可视化方式实现"资源共享"，主要表现为资源即时共享和数据留档分享。资源即时共享是指将课堂中教师、学生和环境共融共生过程中生成的信息数字化，通过数字化信息控制系统分享给教师和学生，促进课堂的生成与互动；数据留档分享是指将教学中形成的数据档案留存在教师"数字社区"和学生个人"数字档案袋"中，实时分享，通过数据资源化，为教师间的专业交流和学生的单元学习提供支持。"资源共享"是教学数字化的关键。

"资源共享"的目的是通过数据驱动方式推进教学数字化。"赛·课堂"在共享广度和深度上有着精心的谋划，通过"赛·课堂"3.0版本中的"赋值功能菜单"，教师在备课时可以为各个子进程、孙进程作出学习内容、过程和评价的设计与安排，并提前预设课堂学习活动的互动点和生成点，也就是为共享"埋点"。在"系统时间轴""赋值功能菜单"两个模块的助力下，教师自主创建的数字化课堂可以具有清晰的教学结构和科学的教学逻辑。基于备课时的"埋点"和教学时的数据回收与反馈，教师和学生可以灵活运用实时生成的数字资源，有效开展教学互动，达成课堂教学目标。上海小学科学学科的教学实践表明，数字化教学系统有效提升了教师的教学调控能力和学生的自主学习能力。

（四）反馈智能是升华特征

"反馈智能"是教学具有"相互连接""教学在线""资源共享"特征之后的升华，是教学数字化的高阶特征。"反馈智能"的重要功能是促进个性化教学，主要表现为有效调控教学和促进自主学习。有效调控教学就是聚焦提升教师课堂教学效率，基于数字化信息控制系统对教学过程数据的回收与反馈，为教师调控教学服务；促进自主学习就是聚焦提升学生的自我监控能力，基于数字化信息控制系统对学习过程数据的回收与反馈，为学生自主学习服务。

伴随新技术、新方法和新模式的持续创新，物理空间与数字孪生的交互将不断演进，课堂教学可以同时存在"物理课堂"和"数字化课堂"两种形式。"数字化课堂"是把现实世界中的课堂教学通过数字化信息控制系统映射到虚拟空间而形成的，可以实现一些要求更高的目的，例如为单元视角下的教学与评价服务，或者搜集师生课堂行为数据来为教学智能推送服务等。在教学数字化转型过程中，"物理空间＋数字孪生"资源优化配置体系将成为教育信息化发展的升级模式。小学科学教学的数字化也正在进入以"数字孪生"为目标的教学数据感知阶段。

"赛·课堂"是上海小学科学教学数字化转型过程中主要使用的数字化信息控制系统,已成为"上海市中小学数字教学系统"的一个组成部分,将为小学科学及中学各科学学科教学数字化转型提供更多的支持和服务。

第二章
"赛·课堂":意蕴与架构

教学数字化需要高质量的数字化教学系统。"赛·课堂"教学系统是一个供科学学科专用的数字化信息控制系统,它具有教师自主创建数字化课堂,支持师生共同完成课堂教学任务、开展即时交流互动和评价反思,以及留存教学档案等备课、教学和作业辅导等功能。

"赛·课堂"可以创设数字化学习环境,把信息化工具作为学生学习的伙伴;可以数字化处理科学学科教学中可数字化的信息,变革教学方式,重构课堂教学样态和运作模式;可以促进教师教学、学生学习和环境支持的共融共生,彰显科学教育的核心价值。

"赛·课堂"教学系统是为学生科学学习而创造的、基于课堂学习活动而建构的数字化教学系统。"系统时间轴"和"时间轴赋值功能菜单"两大核心技术助力教师设计具有数字特征的课堂教学和实现数据驱动的"精彩课堂"。

第一节　因学而创

一、图说：从"赛灵格"到"赛·课堂"

"赛·课堂"系统原名"赛灵格"（图2-1-1）。"赛灵格"取自半导体材料硅（silicon）的英语读音。硅是一种重要的半导体材料，广泛应用于电子工业的各个领域。"赛灵格"这一名称仅仅体现出信息技术所用的重要材料，与课堂教学和科学教育的关联似乎不大。系统现在的名称"赛·课堂"包含两层意思：一方面，五四运动时期引入了"赛先生"和"德先生"，"赛先生"表示科学（science），"赛·课堂"的"赛"也代表科学，因此"赛·课堂"也就是"科学课堂"；另一方面，"赛"有"胜过、比得上"的含义，"赛·课堂"包含"超越一般课堂"的意思。

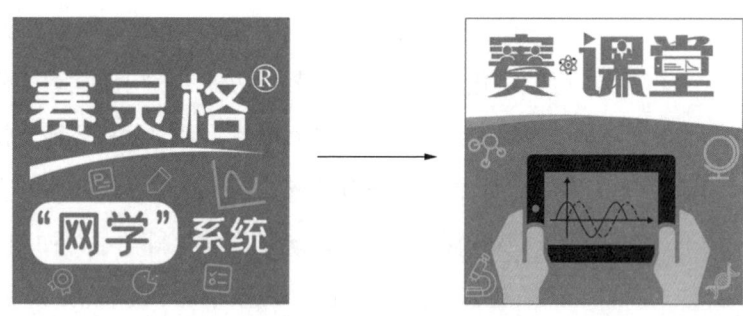

图2-1-1　"赛·课堂"名称的由来与系统设计的意蕴

"赛·课堂"图标中的三个字隐含着教师、学生和环境这三个教学要素。"赛"字中有学生的影子，字形上下组成形似"宝贝"字样，意指学生是我们的宝贝，这是"赛·课堂"的核心，为学生学习而创设；"课"字中有教师的影子；"堂"字中有数字化环境的影子。通过原子行星模型这个点，学生学习、教师教学和环境支持这三个教学要素共融共生。图标的下半部分意指丰富和适切的科学课程资源。课程资源的丰富和适切程度决定着课程目标的实现范围和实现水平。数字教育资源的丰富和适切必将带来小学科学教育的变革，必将带来科学教师教学方式的变革，也必将带来小学生科学学习方式的变革。

二、细议:"赛·课堂"的建构理念与实践优势

在"赛·课堂"的建构过程中,针对如何为科学教学提供更好的支持和引导,设计者的设计理念和思想经历着不断深化的过程,系统名称的变化在一定程度上可以体现这一深化过程。设计理念和思想的变化促成系统向促进教师、学生和环境共融共生的课堂教学样态发展,成为受学科教师欢迎的数字化教学系统。

(一)系统名称改变体现设计思想的深化

1. 迭代系统建设理念

系统名称的改变体现的是系统创建理念的迭代,从技术、教学分割层面走向两者融合层面。

一个好的数字化教学系统不但需要技术人员的开发,更需要教学人员的投入和付出。只有当技术与教学相互融合,形成正向的合力,才能研制出受学科教师欢迎的、使用便捷的数字化教学系统。实践证明,在研制系统的过程中,技术人员越来越懂教学,关注技术能满足教师的何种需求,关注技术在落地时是否更具备教学价值,即对课堂教学所要达成的目标、教学内容、实施过程和师生要开展的评价越来越懂行;教学人员包括学科教师和教研员,也要对技术能够达成的教学功能有更为清晰的认识,建立对技术实现的一些粗略印象,以辅助判断需求落地时,哪些部分容易实现,哪些部分难以实现,哪些部分对最终结果会有显著影响,也就是所提出的功能需求是技术人员经过努力可以实现的。教学人员的主动投入和倾情付出是系统成为高质量数字化教学系统的根本保障。

正因为这一点,"赛·课堂"的创建进展顺利,教学系统能够得到很多学校领导的认可和学科教师的喜欢。

2. 明确教学应用场景

系统名称的改变反映的是教学应用场景的明确——从原先学科特征不明显转变为指向科学学科。

数字化教学系统可以是全学科通用的。全学科通用的系统能够实现的功能指向各学科共同素养的落实,因此可能会带来学科专业性不够、学科特征体现不够明确等问题。

"赛·课堂"是指向科学学科的数字化教学系统,它的实时数据采集、汇总与

反馈可以促成实时数据成为师生互动、形成科学概念的科学证据。科学证据的获得与分析是科学学科教学的核心要义，是高效实施科学课堂教学的关键。"赛·课堂"提供了以往科学课堂教学可能没有的科学证据形式，也可以提供以往科学课堂教学不曾有过的科学证据数量。

由于"赛·课堂"引起科学证据形式和数量发生变化，因此科学课堂品质明显提升。这是教师使用"赛·课堂"后体会最深的一点，也是系统设计者设计时最想达成的目标。有教师形容，用"赛·课堂"上课，好比自己开了一辆"装甲车"，而过去上课时自己最多是个"轻骑兵"。现在的教学，感觉像是进入了"装甲车碾压轻骑兵"时代。

3. 凸显学生主体立场

"赛·课堂"图标的设计映射的是凸显学生主体立场，即从过去的教师立场走向学生立场。

在研发"赛·课堂"的过程中，设计者既从教师的教学需求出发，开发新功能，以满足教师课堂教学的需要，也依据课程与教学改革发展态势，设计新功能，以更好地引领教师形成新追求，落实学生核心素养的培育。

"赛·课堂"图标传递出这样的信息：教师教学和环境支持都是为学生学习服务的；丰富和适切的科学课程资源是为落实学生核心素养培育提供支持的，也就是要努力从教师立场走向学生立场。

小学科学课程是综合课程，集物质科学、生命科学、地球与宇宙和技术与工程等诸多领域于一体。学生的科学学习，需要丰富和适切的科学课程资源，而这恰恰是小学科学教育目前最缺乏的。"赛·课堂"通过数字技术，可以更好地对已有课程资源进行整合、关联与重组，拓展资源的利用途径，提高资源的利用效率，为学生课堂学习提供更好的服务。

（二）"赛·课堂"在小学科学课堂教学中的主要优势

1. 数据驱动课堂教学

系统的功能支持师生建构数据驱动的"精彩课堂"。例如，借助"回收数据，反馈结果"功能，回收数字化实验和非数字化实验，以及其他学习活动的各类数据（数字、文字、图表、图像等）与评价数据，即时呈现汇总与处理的结果（以表格、图像等不同的方式）。又如，借助"多元记录，证据说话"功能，实施拍照、拍摄视频、录入文字和画图等操作，学生可以即时记录科学学习的过程，并用于师生互动。

另外，系统还可以无缝衔接 DIS，这是"赛·课堂"的系统特色之一。其设置的数字化实验板块专门用于教师在备课时设计数字化实验，师生在课堂上共同实施数字化实验，通过数字化实验数据的自动采集驱动课堂教学。

2. 教师有效调控课堂

系统的功能支持教师有效调控课堂。例如，借助"创建班级，编排小组"功能，教师可以在系统内快速创建和组织班级，将新的授课对象纳入系统之中；借助"课前调控，有序安排"功能，教师可以在课前安排学习活动和活动进程，做好教学时间、内容和过程的调控与准备；借助"课中调控，有序指导"功能，教师可以在教师端即时查看学生完成活动的情况，并作出适切的评价，为学生提供及时的指导与反馈；借助"课后调控，改进教学"功能，可以保留课程的实时数据和模范样本，以便教师今后重复使用和重新规划。

另外，系统还有"资源共享，创新教学"功能，教师可以借助系统与专业学习社区（与其他教师）共享数据，以更新知识，创新教学，为教师提升课堂调控能力提供支持。

3. 学生高效自主学习

系统的功能支持学生高效自主学习。例如，借助"自主合作，深度参与"功能，学生可以采用个体或小组合作这两种方式参与实验、设计、阅读等各类科学学习活动；借助"自主管理，改进学习"功能，利用系统的数字化活动任务单留存、学习评价汇总等功能，学生可以自己管理基于单元的学习，自主学习有了更好的保证。

另外，系统的评价功能具有多元、多维和实时的特质，也是学生高效自主学习的重要保障。教师可在备课时设计伴随学习活动的学习评价单，该评价单与单元学习评价维度和内容相呼应，可供教师在课堂上指导学生开展活动，促进学生的学习，进一步保证学习评价制订、实施、反馈等环节的完备和有效。系统的评价功能可以充分发挥学习评价"上接学习目标，紧贴重点活动，贯穿学习过程，指引活动规划，发展自我调控能力"的作用。

第二节 因学而构

一、图说:"赛·课堂"外显部分组织架构

"赛·课堂"外显部分的组织架构如图 2-2-1 所示。"赛·课堂"有软、硬件两个部分,其外显部分主要由教师端、学生端和教室端三者构成。

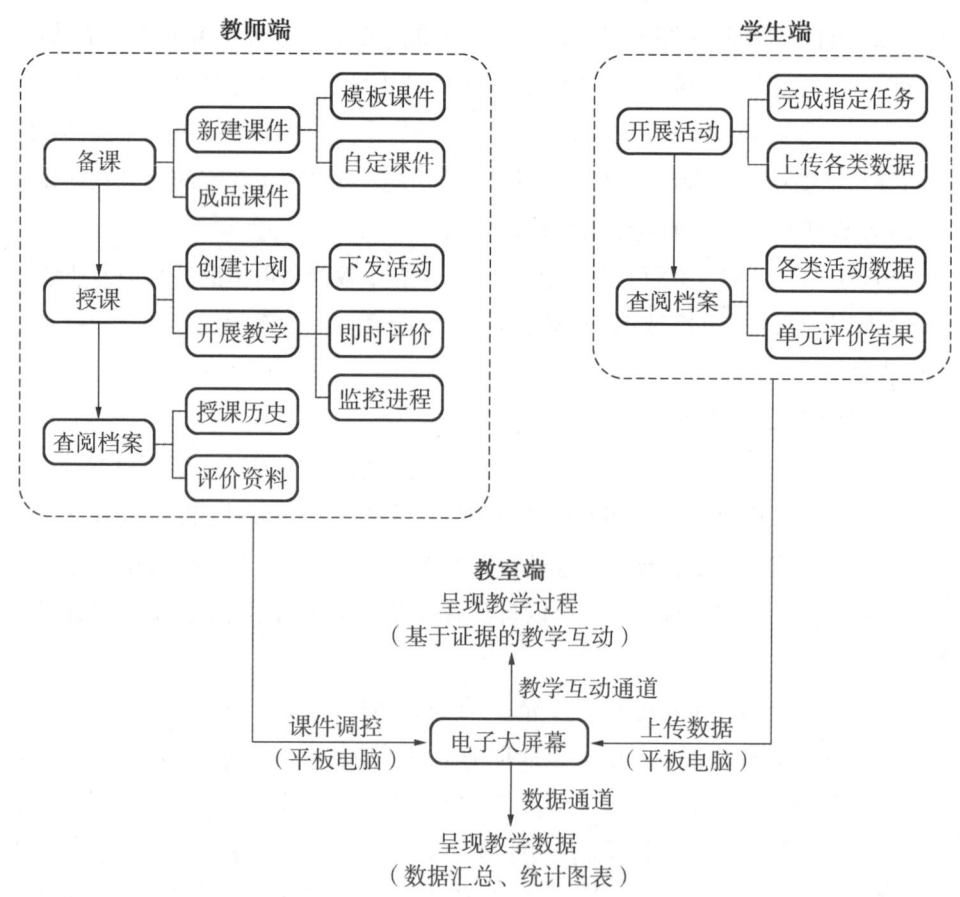

图 2-2-1 "赛·课堂"外显部分组织架构图

在教师端,教师用笔记本电脑、PC 机或平板电脑实施备课、授课和查阅档案等教学工作,包括作业的设计、布置和批改;利用平板电脑,教师通过课件调控

教室端。在学生端，学生用平板电脑开展活动和查阅档案等学习任务，包括完成作业；利用平板电脑，学生通过学生端上传数据至教师端和教室端。在教室端电子大屏幕上实时呈现教师端教学过程的同时，也实时呈现学生端猜想与假设、设计方案、数字化和非数字化实验数据、平板电脑拍摄的照片和视频、自评和互评结果等各类课堂学习活动的数据，同时，实时呈现根据教师课前预设形成的统计图表等生成性数据。这些数据成为师生互动的证据，教室端电子大屏幕成为教学互动的通道。

"赛·课堂"作为数字化教学系统，通过集成和生成，为课堂教学提供多样化的资源；通过提供认知工具，为学生学习和教师教学搭建各类支架和工具；通过提供精准的学习分析，为学生学习反思和教师教学反思创设环境。因此，"赛·课堂"可以作为科学学科教学新的资料来源、认知工具和学习平台。

二、细议：外显部分组织架构的设计要义

"赛·课堂"的教师端、学生端和教室端三者，是通过网络在线方式实现相互连接的。也就是说，通过教师端与学生端、教师端与教室端、学生端与教室端的在线连接，实现三者之间的数据交互，实时采集和处理数据，使得教学数据可以共享，促进人机协同，通过数据交互提升课堂教学效益。

（一）教师端：备课时"精心埋点"和教学时"有效调控"

1. 备课时可以"精心埋点"

有预设的课堂是负责任的课堂，有生成的课堂是精彩的课堂。"赛·课堂"的教师端可以说是教师处理"预设"与"生成"关系的优质载体。

"赛·课堂"提供的备课功能支持教师自主创建数字化课堂。教师在"教师端"备课时，可以预设课堂学习活动的互动点和生成点，也就是为学生在"学生端"生成课堂资源的共享和反馈提前"埋点"，为"教室端"电子大屏幕实时呈现教学过程、学生活动中的过程数据与各类统计图表做好准备。"埋点"，简单地说就是教师备课时埋设的互动点和生成点。其中，埋点的数量呈现的是广度，点的挖掘呈现的是深度。

基于"精心埋点"和数字化信息控制系统对教学过程数据的回收与反馈，为

教师有效调控教学服务；基于"精心埋点"和数字化信息控制系统对学习过程数据的回收与反馈，为学生自主学习服务。

2. 教学时可以有效调控

由学生、教师、环境构成的教学是复杂和多变的，教师有效调控教学的关键在于渗透教学全过程证据的采集和分析。

"赛·课堂"提供的教学功能可以支持教师有序调控课堂教学。在授课时，教师可以根据需要，在平板电脑上发布学习任务、开展教学；同时，可以在平板电脑上浏览学生完成任务的过程数据与信息，即时了解各个小组或各个学生活动的进展情况，可以及时肯定学生的表现，对于有困难的小组或个体进行有针对性的指导。相比传统教学，教师指导的针对性和有效性大大提升。

"赛·课堂"还可以为学生的自评或互评及教师的评价服务。在课前设计好的评价表上，学生利用学生端可以完成自评或互评，教师利用教师端可以完成课堂的即时评价，两方面的评价数据可以汇总保存，在课堂小结时作为鼓励、判断与改进的依据。"赛·课堂"的学习评价，也是教师调控教学的有力工具。

在使用"赛·课堂"的过程中，教师深切体会到，信息技术支持下课堂教学的调控，证据采集和分析更为顺畅及有效，教学方式的变革有了技术的支持和推动。

在时间维度，教师借助"赛·课堂"的教学调控既可以发生在学习活动前的备课中，也可以发生在学习活动现场，还可以发生在学习活动结束之后（图2-2-2）；在内容维度，教师借助"赛·课堂"的教学既可以调控教学目标、内容，也可以调控教学方式和教学进程；在方向维度，教师借助"赛·课堂"的调控既可以调控教师的教，也可以调控学生的学。

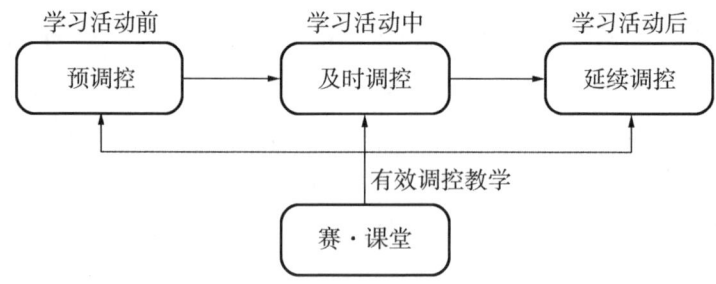

图2-2-2 借助"赛·课堂"的教学调控

（二）学生端：学习全过程"可视化"和拓展自主学习时空

1. 实现学习全过程"可视化"

小学科学课堂教学应以探究实践为途径，融入科学思维的培育、科学观念的理解和态度责任的养成。信息技术赋能使得学生学习过程"可视化"成为可能，可以让学生更好地参与课堂学习活动，真正成为科学课堂的核心。

在以往的教学中，学生通过纸质文本呈现设计方案和实验数据等，教师利用投影方式呈现个别小组或学生的文本或成果。学生端平板电脑的加入可以彻底改变课堂教学的样态：学生以小组或个体形式参与课堂学习活动，所有小组或个体学习活动全过程的信息，包括活动方案设计、搜集证据、归纳结论和练习巩固等信息，均可以上传到教师端和教室端，通过云端服务器处理，实时呈现在教师端和教室端，实时分享给全班学生并留存在学生个人数字档案袋中。

2022年12月，上海小学科学学科组织开展教学数字化的实证研究。教研团队以"'教学助手'融入课堂对小学生探究实践能力的影响"为主题，以"小学生探究实践能力发展"为研究点，对"赛·课堂"作为师生课堂"教学助手"的作用进行实证研究。研究证明，小学科学教学数字化对学生的探究能力、解释问题能力都有积极的正面导向作用。其中，学生端平板电脑是重要的影响因子。通过问卷调查发现，学生最喜欢的课堂反馈形式为"呈现小组或全班结果并交流"，说明学生内心渴望自己的学习成果能"被看见"，同时希望和其他小伙伴产生不一样的思维碰撞。可以说，学生端平板电脑的加入符合学生学习与时代发展的需要。

2. 拓展自主学习的时空

当今社会，学生通过自主学习具备与现代社会需要相适应的学习、生活、交往、生产及不断促进自身发展的能力显得尤为重要。数字技术在教学中的应用使学生自主学习的时空更加丰富。

借助学生端平板电脑，学生以小组或个体形式完成教师发布的活动任务，包括科学阅读、方案设计、搜集证据和归纳结论等。而且，因为有了学生端平板电脑，课堂节奏可以不再统一步伐。如科学阅读时，个别学生可以根据需要多读几遍或圈画重点；又如，原本全班集中完成一个小任务后再布置一个小任务的方式，可以转变为多个小任务一起下发，也就是采用学习大任务的方式开展学习活动，把学习活动放在一个更大、更连贯、更结构化的活动框架中，学生自主学习的时空得以拓展。

"赛·课堂"创建的评价框架既有教师的评价,也有学生自评和互评的功能。教师利用系统建构的评价表,可以超越以往对知识与技能学习结果及学习过程的测量,不仅成为师生判断既定目标是否实现的依据,而且可以通过评价中涉及的发现、参与等过程,直接促进学生形成正确的价值观和必备品格,培养关键能力,指向更深层次的"评价先行""以评促学",使得评价与学习保持高度同步。利用信息技术,学生端聚焦核心素养的学评融合,伴随学生互评产生的质疑、争辩和论证等交互行为,不仅能促进学习者的反思,而且能激发一种群体互动的氛围,使学生深度参与科学学习活动。

学生端平板电脑的加入可以说是小学科学教学数字化重构课堂教学结构形态和运作模式中的关键。正因为这一变化,学生学习全过程"可视化",自主学习时空得以拓展,教师的"精心埋点"变得更有意义和价值,教师的"有效调控"变得更为容易和高效。

(三)教室端:成为教学数据和互动通道

在"赛·课堂"中,教师端、学生端和教室端三者交互的结果,最终在教室端电子大屏幕上呈现,教室端电子大屏幕也就比一般课堂电子大屏幕有着更为重要的作用。

教室端电子大屏幕是教学通道,实时呈现教师端平板电脑上的教学过程;也是教学数据通道,通过网络实时回收并呈现教室内所有学生端的过程数据,反馈根据教师预设而生成的统计图表等,提升学生科学学习的证据意识,促进学生对科学概念的深入理解;还是教学互动通道,课堂教学数据均是即时交互生成的,教师与学生基于更多精准证据互动完成教学任务,使课堂从预设到生成的转化变得自然且生动。

应用"赛·课堂"进行教学,可提高教师教学效率、学生学习质量和环境支持功效,增强教师、学生和环境三者之间的共融共生,赋能学科教学方式的变革。

第三节 因学而设

一、图说:"赛·课堂"的时间轴

图 2-3-1 为"赛·课堂"提供教师备课时用的"系统时间轴"。"赛·课堂"提供的备课功能拥有普适和多样的特点,可指导教师实现从课堂活动设计到课堂教学实施的无缝衔接,成为教师的备课助手。根据学科课堂教学设计研究成果专门研制的"系统时间轴",是"赛·课堂"为教师设置备课支架的组成部分之一。

图 2-3-1 "赛·课堂"系统时间轴

在教师端备课时,教师可以横向"添加课堂学习活动"和纵向"添加活动子进程",利用"系统时间轴",编辑确定一节课的课堂学习活动及每个活动的子进程或孙进程,建构具有"整体化"和"进程性"特征的数字化课堂时间轴,这是数字课件编制时的第一步,也是关键步骤之一。

"系统时间轴"看似简单,其实体现了设计者促进学科发展的意图。它既与学科教研团队形成的学科问题线、活动线、小结线、评价线和资源线"五线并进"教学流程相匹配,又具有数字化课堂的"整体化"与"进程性"特征,目的是引导教师结构化编辑具有数字特征的课堂进程。

"赛·课堂"的"系统时间轴"是教师备课支架的组成部分,成为系统提供教师"备课指导"的核心部件之一。

二、细议:数字特征课堂教学进程的编辑

教学数字化的实施关键在于教师备课时编制具有数字特征的课堂教学进程。利用"系统时间轴",教师可以清晰、有条理、结构化地编辑具有数字特征的课堂教学进程。

（一）"系统时间轴"的研发背景

1. 基于"赛·课堂"1.0版的成功经验

"赛·课堂"最初是为回收DIS实验数据并将数据即时用于课堂上师生分析归纳形成结论而开发的数据回收系统，1.0版重点在"支持实验教学"，基于学生端和教师端的平板电脑，实现回收DIS实验数据和学生自评数据的功能，回收的数据可以在教室的大屏幕上即时呈现。有了"赛·课堂"1.0版，支持教师在组织方式（人员组织、内容组织、资源组织）上作变革。

有了"赛·课堂"1.0版支持下教学方式变革的成功体验后，利用"赛·课堂"变"实验教学支持"为"调控课堂教学全过程"，更好地助力小学科学教学方式的变革，成为学科教研的新追求。

2. 基于学科教学研究的最新成果

通过多年的研究与实践，上海小学科学学科逐渐认识到课堂教学结构化的重要性。课堂教学结构化包含"科学知识结构化"和"学习活动结构化"，两者相辅相成。

课堂问题的品质决定学生在课堂上能否提升科学思维。设计学习活动核心问题，并将这些问题串联成问题线，成为课堂教学设计的核心。

学生所经历的学习活动，应当有清晰的逻辑主线，因此核心问题引领下课堂活动线的架构，成为课堂教学设计的重点。

科学学习活动的目的在于引导学生形成科学认知，促进学生科学观念的形成。因此，提炼各学习活动所要建构的科学认知，组成课堂小结线，成为课堂学习活动的内核。

在充分发挥学习评价的激励、判断作用的同时，应当更好地发挥评价促进学习的作用，由此，学习评价线的设计成为课堂教学设计的难点。

学生科学学习活动目标的实现水平和范围取决于活动资源丰富和适切的程度，利用与开发活动资源建构资源线，成为课堂教学设计的关键。

基于以上思考，学科教研团队通过研究形成了问题线、活动线、小结线、评价线和资源线"五线并进"教学流程。这一教学流程通过数字化教学系统可以清晰地呈现。

3. 基于教学方式变革的迫切愿望

2019年，中共中央、国务院颁布《关于深化教育教学改革 全面提高义务教育质量的意见》(以下简称《意见》)。《意见》明确提出"优化教学方式""引导学生主动思考、积极提问、自主探究；融合运用传统与现代技术手段，重视情境教学"等要求。"优化教学方式"必将成为深化课程改革的重点、难点、热点与焦点。

针对"强化课堂主阵地作用，切实提高课堂教学质量"，上海市教育委员会教学研究室（以下简称市教研室）开展了富有成效的研究与实践，提出"变革教学方式是深化课程改革的突破口""信息技术为教育提供跨时空学习、精准学习分析和多样化资源工具"等课程与教学改革的主张，为学科教研指明了方向。基于技术、资源和空间等环境要素的有效支持，变革教学方式，更好地落实课程教学改革的要求，成为上海小学科学学科持续深入研究的主题。

在研究与实践中，上海小学科学从组织方式、认识方式和实践方式三个维度变革学科教与学方式，使教师、学生和环境相互作用的方式与方法更趋高效，更符合课程教学改革的要求，更有针对性地发展学生核心素养。在调整组织方式时，从人员组织、内容组织和资源组织三个方面入手；在整合认知方式时，突出"做中学"与"书中学"并举；在丰富实践方式时，凸显活动的多样化，特别是有利于学生态度责任形成的实践活动的多元。

利用"赛·课堂"，不仅要实现回收课堂教学各个流程中生成的数字化和非数字化实验的所有数据及师生评价数据，而且要在数据驱动下助力教师"调控课堂教学全过程"，发挥新技术的优势，从而更好地变革学科教与学方式，成为学科发展的迫切愿望。同时，教师在实践中发现，若将PPT等多媒体资源融入系统，做到"一台贯通，一键到底"，课堂上不再需要与其他信息化系统或方式切换，课堂教学就会变得更流畅。

基于以上背景，学科教师和技术人员共同开发出极具数字特征的"系统时间轴"，成为教师课堂教学设计时的"备课指导"。在"系统时间轴"的指引下，教师可自行编辑形成课堂教学时用的"数字化课堂时间轴"。

"数字化课堂时间轴"具有"整体化"和"进程性"特征，是具有数字特征的课堂教学进程，为教与学方式变革提供了支撑。

（二）"系统时间轴"的操作要点

1. 编辑课堂学习活动

在"系统时间轴"上，横向可以添加课堂学习活动。根据教学设计的活动安排，在"1.标题"中输入课堂第一个学习活动的名称，然后点击"⊕"，增加课堂第二个学习活动及后续学习活动的名称。

例如，Z老师为沪科教版《自然》四年级第二学期《杠杆平衡》一课设计的"数字化课堂时间轴"，由"认识杠杆"和"探究使杠杆在水平位置平衡的方法"两个课堂学习活动组成（图2-3-2）。

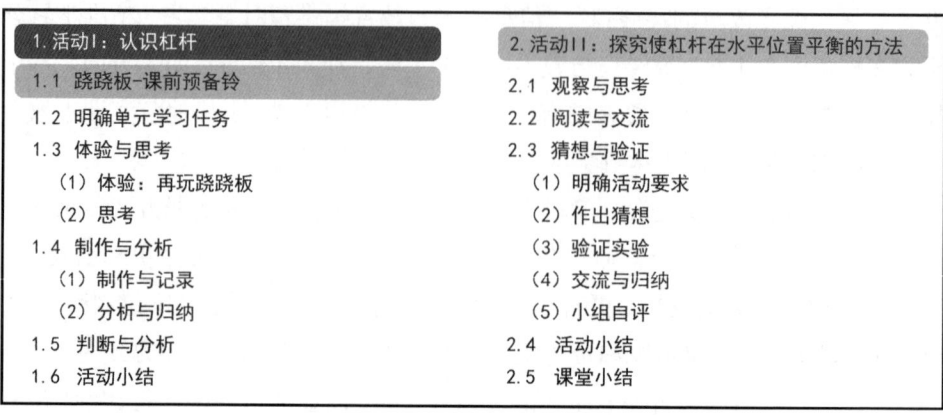

图2-3-2 《杠杆平衡》一课的"数字化课堂时间轴"

2. 编辑活动"子进程"或"孙进程"

在确定了课堂学习活动后，就可以在"系统时间轴"上安排具体的活动内容和形式，也就是安排学习活动的"子进程"或"孙进程"。

如图2-3-2所示，在备课时，Z老师为"认识杠杆"这一活动安排了"跷跷板-课前预备铃""明确单元学习任务""体验与思考""制作与分析""判断与分析""活动小结"等六个"子进程"。根据活动内容和系统功能的选择，为"体验与思考"子进程安排了"体验：再玩跷跷板"和"思考"两个"孙进程"，为"制作与分析"子进程安排了"制作与记录"和"分析与归纳"两个"孙进程"。

"探究使杠杆在水平位置平衡的方法"是《杠杆平衡》这节课的第二个活动，是为突破教学难点而开展的活动。在备课时，Z老师为这一活动安排了"观察与思考""阅读与交流""猜想与验证""活动小结""课堂小结"等五个"子进程"。由于"猜想与验证"内容多、用时长，根据活动内容和系统功能的选择，安排了"明确活动要求""作出猜想""验证实验""交流与归纳""小组自评"等五个"孙进程"。

在编辑"数字化课堂时间轴"时，系统支持教师将课堂学习活动多个"子进程"或"孙进程"同时下发，学生在学生端平板电脑上可以自主选择需要完成的"子进程"或"孙进程"的相关任务，学生自主、合作、探究学习的时空可以更为拓展与丰富。

例如，L老师在自创课《馒头发酵的奥秘》的"搜集证据与得出结论"活动中，将三个验证实验和学生自评这四个子进程一起下发（图2-3-3）。在教师给定的活动时间内，学生根据实际情况完成相关任务和评价，最终完成的验证实验的数量可以通过学生自评情况获取。在"系统时间轴"支持下，活动任务得以开放，学生自主学习的愿望得以激发和获得支持。

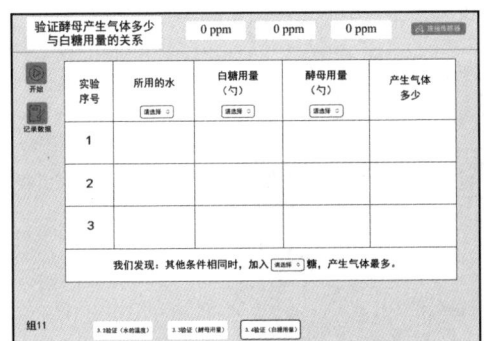 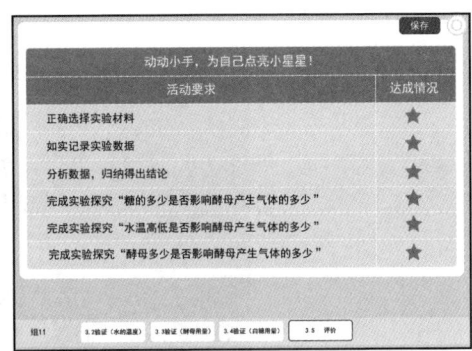

图2-3-3 "系统时间轴"支持多个任务同时下发

"系统时间轴"作为系统提供教师"备课指导"的核心部件之一，呈现的活动主体是学生，体现"学生为本"的理念。"系统时间轴"引导教师结构化编辑具有数字特征的课堂进程，主动呼应教学设计中的学习活动设计，为从课堂预设到课堂生成作精心的基础准备。

第四节　因学而择

一、图说："赛·课堂"的时间轴赋值功能菜单

在利用"系统时间轴"编制完成上课用的数字化课堂时间轴后，教师备课还有一项关键工作——为"数字化课堂时间轴"中所有课堂学习活动的各个子进程或孙进程，选择并填充所需要的活动内容、过程与评价，为课堂生成和目标达成"精心埋点"。此时，需要使用系统的"时间轴赋值功能菜单"（图2-4-1）。

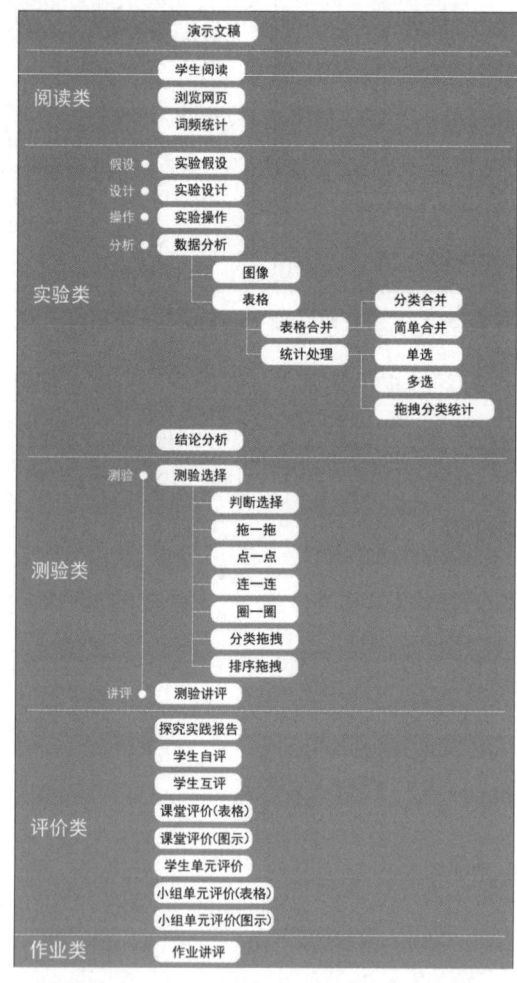

图2-4-1　"赛·课堂"时间轴赋值功能菜单

基于此菜单，教师可以在编辑好的数字化课堂时间轴上为课堂学习活动各个子进程和孙进程选择并填充所需要的演示文稿、阅读类、实验类、测验类和评价类等相关内容，完成课件及活动任务单和评价单制作等数字化课堂创建工作。

"赛·课堂"的时间轴赋值功能菜单也是教师备课支架的组成部分，成为系统提供教师"备课指导"的另一个核心部件。

二、细议：为数据驱动的"精彩课堂"而"埋点"

教学数字化能否有效落地，关键在于教师能否自主编辑形成具有课堂互动功能的数字课件，为备课时的"精心埋点"转化为教学时的"灵活运用"作充分的准备。"赛·课堂"的"时间轴赋值功能菜单"就是基于这样的想法设计的，助力师生实现"精彩课堂"。

（一）"时间轴赋值功能菜单"的研发理念

1. 实现系统的"一台贯通"

以往，由于各种教学软件互不兼容，教师在教学时需要在不同教学软件之间切换，往往感觉操作烦琐，教学流程不顺畅。如果使用数字化教学系统，课堂上不再需要与其他信息化方式切换，教师的教学进程就会变得流畅许多。"赛·课堂"的"时间轴赋值功能菜单"就是为实现"一台贯通"而设计的，将教师上课时需要的各种教学资源和实施手段、途径与方法进行集成与组合，用菜单呈现，便于教师备课时选择与使用，最终完成数字课件的制作。

例如，课堂上的"情境引入"环节可以插入播放 PPT 中的视频，或者设置直播来演示实验；在"探究实施"的过程中，可以借助系统的数据回收功能，呈现全班所有小组猜想的结果，引发学生深入探究的兴趣；可以通过系统的设计实验、搜集证据等功能，开展探究实践，形成问题的解释，提升思维；在"新知应用"的过程中，可以借助系统的功能，利用所学知识选择材料，通过拍摄视频的方式记录问题解决的过程与成果，并作展示与交流。

"赛·课堂"融入了多元的学习活动形式和智能的活动数据采集方式，集成了上述活动过程中所使用的 PPT、直播软件、系统的数据采集与处理等功能和需求，实现课堂上只需要操作"赛·课堂"，不再需要与其他软件或系统切换操作。"赛·课堂"成为最受小学科学教师欢迎的数字化教学系统。

"一台贯通，一键到底"是研发系统"时间轴赋值功能菜单"的理念之一。

2. 实现师生的"精彩课堂"

教学数字化，其实质是"教学＋数字化"，核心还是在教学上。教与学方式的变革中，教师、学生和环境的共融共生是关键。数字化赋能可以使师生终端相连，也可以使师生终端与教学环境相连，建构数据驱动的精彩课堂。

由学生、教师和环境构成的教学过程是复杂、多变的，小学科学课堂教学方式的变革、"精彩课堂"的形成需要有更多技术、资源和空间的支撑，需要系统提供更多功能的支持。例如，数字技术可以回收数字化和非数字化实验及其他学习活动的各类数据（数字、文字、图表、图像等）和评价数据，即时呈现汇总与处理的结果（以表格、图像等形式），学生可以采用拍照、拍摄视频、录入文字和画图等形式即时记录科学学习的过程，教师可以基于学习活动过程数据调控教学。

"赛·课堂"可以促成教师、学生和环境的共融共生，通过课堂学习时空的变化和实时数据的驱动，学生有更多自主、合作、探究学习的时空，与教师、环境有更多的关联与互动，促成学生成为更好的自主学习者；通过更及时、更智能的数据驱动，教师的课堂教学手段和方法更为多元，与学生、环境有更多的关联与互动，促成教师有效调控课堂。

"数据驱动，精彩课堂"是研发系统"时间轴赋值功能菜单"的另一个重要理念。

（二）"时间轴赋值功能菜单"的"埋点"实施

1. 明白赋值菜单的相关功能

借助"时间轴赋值功能菜单"，教师可以提前"埋点"，预设课堂学习活动的互动点和生成点，为从课堂预设到课堂生成作精心的准备。

在图 2-4-1 所示的"时间轴赋值功能菜单"中，点击"演示文稿"，可选择各活动子进程、孙进程对应的 PPT 界面，界面的数量可以用自定义方式确定。

点击"阅读类"中的"学生阅读"选项，可上传本地文本和视频，供学生课堂阅读使用；点击"浏览网页"，可以为学生提供教师备课时选择的网络资源，作为学生课堂阅读的资料；点击"词频统计"，可以设计统计方式，汇总课堂上学生阅读时所圈画的关键词。

点击"实验类"中的相关选项，可安排实验假设、实验设计、实验操作、数据分析和结论分析等环节，制作科学实验电子活动任务单。其中，数据分析含有各种图表的汇总统计功能。

点击"测验类"中的相关选项，可设计题目，检测学生的认知情况；也可以利用其中的各种小工具，如"判断选择""拖一拖""点一点""连一连""圈一圈""分类拖拽""排序拖拽"等，服务学生的实验假设和实验设计。

在"评价类"中，点击"探究实践报告"，可选择课堂子进程或孙进程的电子活动任务单和评价单，汇总形成"探究实验报告"或"探究实践日志"，在课堂结束前供学生在学生端阅读，评价与反思个体或小组的课堂学习；点击"学生自评""学生互评"等，可安排学生在学习活动中自评或互评，以及设置课堂教师评价，制作学习评价单；点击"课堂评价（表格）""课堂评价（图示）"，可以选择每个小组或学生个体一节课的师评、生评数据汇总的形式；点击"学生单元评价""小组单元评价（表格）""小组单元评价（图示）"，可以选择每个学生个体或小组一个单元学习的师评、生评数据汇总的形式。

点击"作业类"，可以上传教师在备课时设计的课后作业和长周期项目活动，用于让学生巩固所学和进行拓展学习。

以上功能可以组合与整合使用，最终转化、生成为用于教师课堂教学的数字课件和学生课堂学习的电子活动任务单。

2. 明白"埋点"的实施原则

"埋点"时要体现"效益最大化"原则。

"赛·课堂"是教师备课时使用的通用平台，其功能是为教师自主制作课堂教学用到的数字课件和学生课堂学习用到的电子活动任务单服务。在熟悉系统功能的基础上，教师先完成课堂教学设计的初稿，然后利用系统制作数字课件和电子活动任务单，对系统已有功能进行组合、整合，匹配课堂教学设计所呈现的教学过程和学习活动，为实现课堂教学目标打下基础。

对系统功能进行不同的组合，可以匹配不同的学习活动方式，实现不同的活动效果。在制作数字课件和电子活动任务单的过程中，可以根据互动的效果，对教学设计初稿中的设想作出适当的调整，以使系统功能在课堂教学中发挥最大效益。制作数字课件和电子活动任务单的过程，已成为教学数字化时代教师课堂教学设计的重要组成部分，也是将教学设计"效益最大化"的新途径。

3. 明白"埋点"的操作维度

"埋点"时可以从三个操作维度入手，以落实"效益最大化"原则。

（1）维度一：选择合适的活动任务形式

系统"时间轴赋值功能菜单"中的不同功能对应不同形式的活动任务。为达成同一个教学目标，可以采用不同的任务形式，需要教师在校情、师情和学情的基础上合理选择。例如，为形成问题解决的可能答案，需要学生利用已有的认知基础、生活经验或实验事实，通过教师指导和自身的逻辑推理，形成合理的猜想或假设，此时教师可以安排"阅读类"活动，以丰富学生的认知基础和唤醒生活经验；也可以安排"实验类"活动，以提供学生实验事实；还可以安排"演示文稿"，以复习方式唤醒学生的认知基础和生活经验。具体哪一种活动形式更好，教师可以在备课时预设，也可以在实践中调整，以适应不同班级、不同学生的需要。

（2）维度二：安排合理的学习评价活动

"赛·课堂"的评价功能是学科教师最喜欢的功能之一。课堂学习活动中学生自评、互评的具体内容和出现时机等，都是教师可以埋设的教学互动点和生成点。教师可以根据学校教学评价体系，创设校本化的学习评价框架；可以根据评价框架的维度，依据单元、课时和活动教学目标，在系统中设计单元、课时和活动评价内容，用评价来促进学生的学习，并支持师生在课堂上灵活运用评价结果，进行活动、课时和单元的实践反思。

（3）维度三：创新适切的教学互动证据

"时间轴赋值功能菜单"支持数字特征的课堂，课堂教学过程信息数字化可以为教学互动提供证据。利用"时间轴赋值功能菜单"，教师可以在数字课件中设计全班所有小组或学生个体数据的汇总与反馈。汇总与反馈的方式有两类：一类是以小组或学生个体数据为单位呈现在教师端和教室端，课堂上教师上下滑动平板电脑的屏幕或电子大屏幕，师生即可浏览所有小组或学生个体的数据，教师可以组织学生交流讨论，形成活动需要达成的科学认知；另一类是将全班所有小组或学生个体数据以一定的方式合成在一张图表中，为课堂上学生从小组的特殊结论过渡到全班的一般结论服务。

在课堂学习活动中,需要采用适切的方式汇总数据。思考如何将汇总数据转换成适合学生的统计图表等,是教师利用"时间轴赋值功能菜单"创新教学互动证据,为课堂生成与互动"埋点"的关键所在。

例如,在《杠杆平衡》一课中,第一个活动"认识杠杆"有一个环节,要求学生利用"什么是杠杆"的新知,判断相关工具在使用时是不是杠杆。为更好地促成师生互动,提升学生对科学概念的理解水平,发展学生的模型建构能力,Z 老师利用"时间轴赋值功能菜单"中"测验类"的"判断选择"功能,设计学生完成任务的方式;利用"时间轴赋值功能菜单"中"实验类"的"数据分析"功能,对全班 11 个小组的判断结果进行分类汇总。课堂上,学生小组在阅读相关材料后,结合"什么是杠杆",对四种工具(托盘天平、杆秤、开瓶器、弹簧测力计)作判断,系统将全班判断结果呈现在教室端(图 2-4-2)。其中,有争议的是开瓶器(9 组学生认为它是杠杆,2 组学生认为不是),教师点击相关数字(选择"否"的 2 组),教师端平板电脑和教室端电子大屏幕上会实时呈现相关 2 个小组的组别信息。

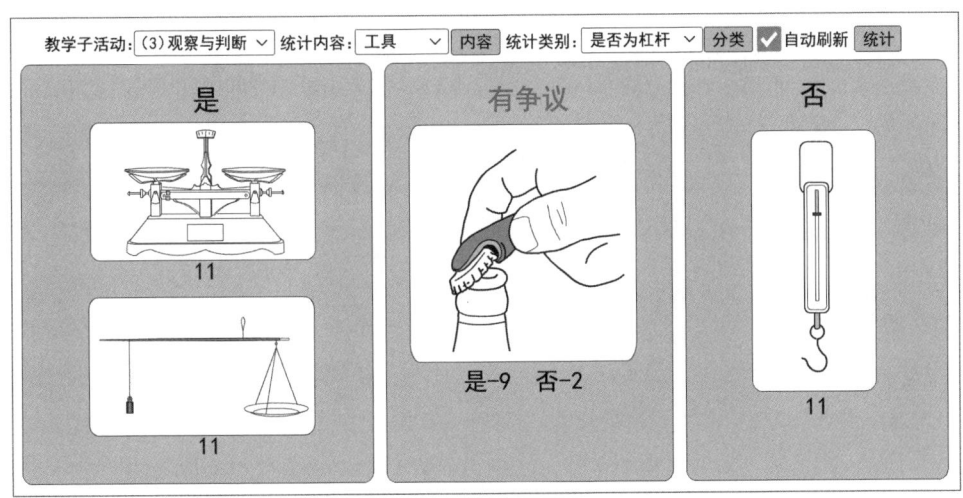

图 2-4-2　课堂全班所有小组判断数据汇总示例(讨论前)

教师随机针对这一汇总数据,与学生开展大组讨论,形成共识,之前判断错误的小组对判断结果加以修正,修正后的结果也即时呈现在教室端(图 2-4-3)。

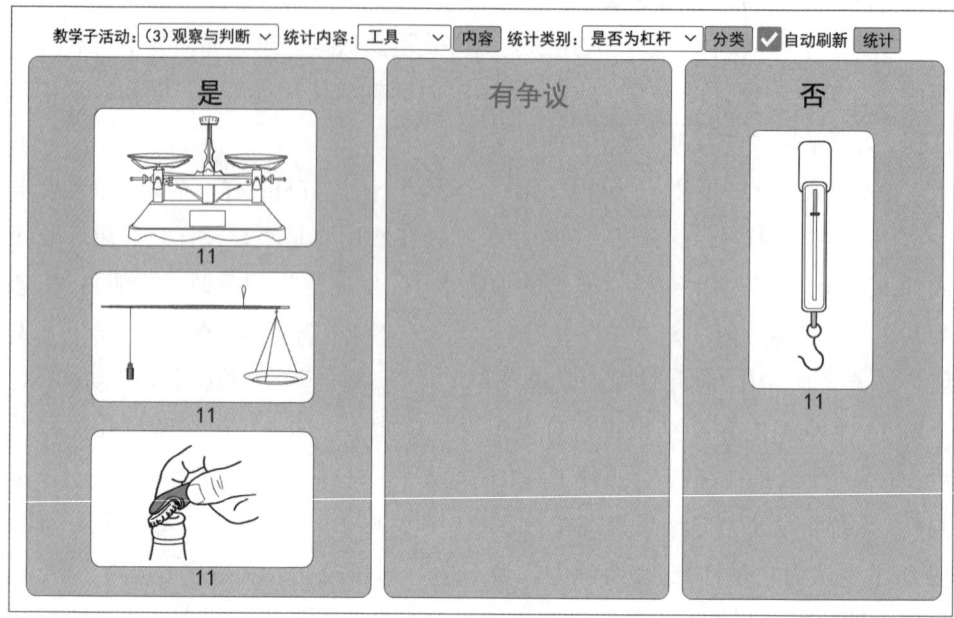

图 2-4-3　课堂全班所有小组判断数据汇总示例（讨论后）

　　"时间轴赋值功能菜单"作为系统提供教师"备课指导"的另一个核心部件，为支持教师有效调控课堂和学生高效自主学习，形成"精彩课堂"而"埋点"。

03 第三章
"赛·课堂":"埋点"与支架

教学数字化是以数字技术变革教学要素,优化教学过程,提升教学效率,推动学生中心教学模式。在数字化转型过程中,需要教师提高利用数字技术设计、规划和改善教学的能力,为学生搭建科学的学习支架,引导学生主动发现学习的核心问题,给予学生足够的探究实践的时空,启发学生深入思考,形成对学习内容的独到见解,升华科学态度与责任。

"赛·课堂"提供了教师探索数字技术与科学教学深度融合的实践样态和应用场景。利用"赛·课堂"的各种功能,教师在备课时可以通过"埋点",建构新颖的科学学习支架,充分调动学生学习的自主性,有效支持学生的探究实践。"赛·课堂"为教师从"教师中心教学模式"走向"学生中心教学模式"开辟了新途径和新方式。

通过备课时的主动"埋点",教师可以为学生搭建设计、数据、阅读和评价等学习活动的新支架,并将这些支架组合使用,搭建组合式学习支架,用于回收与反馈学生探究实践过程中的各类数据,为课堂生成与数据驱动作精心谋划,课堂学习活动得以改进,有了更多巧、活、宜、新的形态,教与学方式变革也有了具体的操作载体。

第一节　因埋而巧

一、图说：组合式支架之学生设计支架

如图 3-1-1 所示，利用"赛·课堂"中的"实验类：实验假设""实验类：实验设计""测验类：连一连""测验类：拖一拖"等功能，教师在备课时可以结合教学内容，为学生建构数字化的"活动方案设计单"，用于学生在新知形成过程中验证猜想与假设的科学实验设计、技术与工程活动方案设计等子进程。这一"设计支架"为学生科学思维、团队合作能力培育而"埋点"。

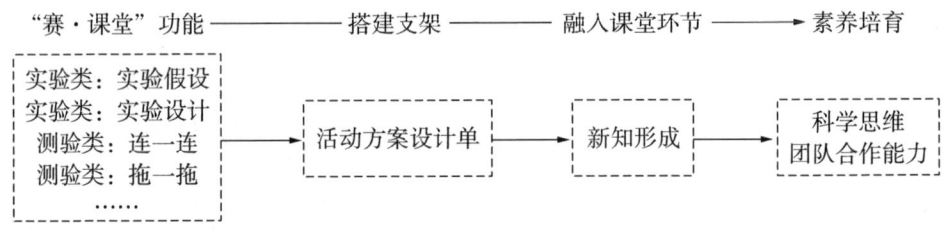

图 3-1-1　学生设计支架的搭建与作用

借助"设计支架"，把活动任务单中的设计板块数字化，形成"活动方案设计单"。在"活动方案设计单"上，学生只需要实施"选择""点击""拖动""描绘"等简单操作即可完成设计，巧妙地简化了小学生科学实验和制作方案的设计要求，强化了对学生科学思维与团队合作能力的培育。数字化的形式给予学生更多试错空间，设计过程中可以不断完善设计内容。通过"设计支架"，学生在课堂上有了更多讨论、思考和修改的机会，模型建构、推理论证和创新思维等科学思维发展的时空更为丰富，团队合作能力发展的时空得以拓展。

学生科学探究实践方案的设计"因埋而巧"。

二、细议：学生设计支架的主要作用和"埋点"操作

在利用"赛·课堂"备课时，教师可以有效地使用其相关功能，为学生完成科学探究实验和技术与工程实践活动方案设计搭建巧妙的学习支架，助推课堂学习

活动的改进。

（一）支架的主要作用

小学科学课程以培养学生的科学素养为宗旨，强调以探究实践为基础，对学生进行科学启蒙。探究实践主要指在了解和探索自然、获得科学知识、解决科学问题，以及技术与工程实践过程中，形成科学探究能力、技术与工程实践能力和自主学习能力。

探究实践是学生科学学习的内容，也是重要的科学学习方式。探究实践是科学课程核心素养的重要组成部分，也是学生通过小学科学课程学习应具备的关键能力。

在学生通过简单推理对探究问题的可能答案进行猜想与假设后，或在明确技术与工程实践活动要求后，需要在教师和同伴的帮助下制订简单的探究实践计划：在设计科学实验方案时，要求学生基于对问题的猜想与假设，在适当的引导下根据实际情况制订简单的探究计划，从证据的类型和搜集的方式等角度考虑，选择不同的调查手段和工具搜集证据，为搜集证据、处理信息和解释问题奠定基础；在设计技术与工程实践活动方案时，要求学生针对实际需要明确问题，提出有创意的方案，并根据科学原理或限制条件进行筛选，为实施计划、加工制作、修改迭代和成果展示奠定基础。

科学思维处于启蒙阶段的小学生，尚不足以自主完成科学探究实践方案设计的全过程。而"设计支架"的作用便是让学生在探究实践中更好地自主完成方案的设计，更好地发展科学思维与团队合作能力。教师备课时可以"埋点"搭建合适的"设计支架"，通过勾选、拖动、绘画、连一连等方式，简化学生的设计过程，助力学生探究实践方案设计能力的提升。

（二）"埋点"操作举隅

1. 为学生应用控制变量法而"埋点"

在科学教育中，经常会遇到多因素或多变量的研究问题，需要学生采用控制变量的方法开展探究。控制变量法是在研究多个因素之间的关系时，通过控制其他影响因素不变，只改变要研究的因素，从而观察和分析其对实验结果影响的方法。控制变量法是学生在小学阶段重点体验与学习的科学研究方法。在设计活动方案时，应用控制变量法设计实验也是小学生普遍遇到的难题。

在教学中，教师一般会采用对多因素、多变量两两研究的方法，将探究过程整体分解为若干个子环节，但这样不利于学生对于控制变量法的认识与理解，特别是当学生在研究四个及以上因素或变量时，会遇到更多困难。在"赛·课堂"的支持下，教师在备课时可以提前埋点，为学生搭建"设计支架"，辅助学生应用控制变量法设计实验，提升科学思维水平。

例如，沪科教版《自然》三年级第一学期《水到哪里去了》一课中，需要设计实验方案，探究影响水蒸发快慢的因素。该实验涉及水蒸发的快慢、水的温度、水的表面积和水上方空气流动的快慢这四个变量。三年级学生刚开始学习设计比较实验，要他们设计包含四个变量的探究实验方案，难度较大。Y老师想要利用"赛·课堂"的勾选和拖拽功能、教师示范等策略"埋点"，制作数字化的活动方案设计单，为学生的设计搭建支架，便于学生在完成设计的同时感受控制变量的方法，明确实验操作的要求。为此，Y老师首先在学生基于探究问题作出猜想后，利用"教师示范，提供样式"的策略埋点，选择验证"水蒸发的快慢与水的表面积有关"，即勾选"水的表面积"这一因素（图3-1-2），为学生认识比较实验设计方法提供示范，同

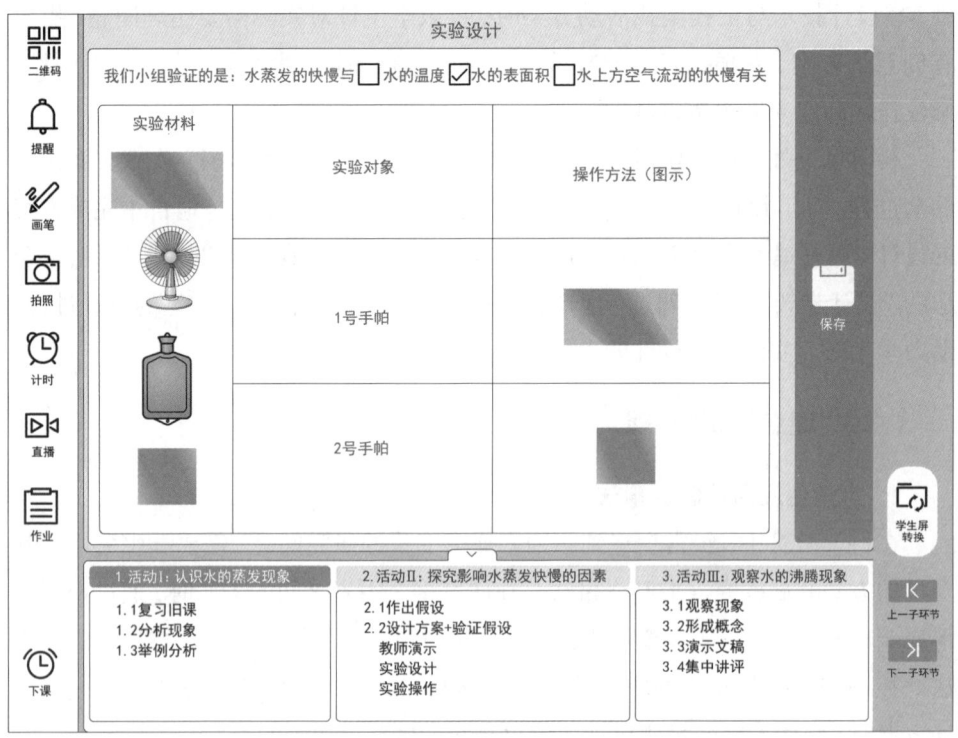

图3-1-2　教师示范实验设计界面

时,解决该实验耗时较多的问题;然后,Y老师采用"借力技术,搭建支架"的策略埋点,通过"赛·课堂"为学生设计比较实验提供有效的支架——学生可以勾选实验中要控制的变量("水的温度""水的表面积""水上方空气流动的快慢")(图3-1-3),明确控制变量在实验中的运用,为完成实验方案设计奠定基础。

图3-1-3 学生端实验设计界面

又如,沪远东版《自然》四年级第一学期《影响电磁铁磁性强弱的因素》一课中,需要设计实验,探究"影响电磁铁磁性强弱的因素"。该实验主要涉及电磁铁磁性强弱、线圈匝数、电流大小和铁芯粗细这四个变量。基于四年级学生已多次接触比较实验的设计,T老师想要利用"赛·课堂"的选择、拖拽功能及教师指导等策略"埋点",制作数字化的活动方案设计单,为学生的设计搭建支架,便于学生在完成设计的同时进一步感受研究控制变量的方法,明确实验操作的要求。为此,T老师采用"借力技术,搭建支架"的策略埋点,通过"赛·课堂"为学生设计比较实验提供有效的支架(图3-1-4),学生可以采用点选的方式,在"请选择影响因素"下拉框中选择实验要研究的变量("电流大小""线圈匝数""铁芯粗细"），明确控制变量在实验中的运用，为完成实验方案设计奠定基础。

实验序号	电池数量(节) 请选择合适的材料	线圈匝数(匝) 请选择合适的材料	铁芯粗细 请选择合适的材料	磁感应强度(mT)
1				
2				
3				

图 3-1-4　学生端实验设计与记录界面

图 3-1-5 为某小组学生集体讨论后利用勾选设计的验证实验方案。该小组验证的猜想是"线圈匝数会影响电磁铁的磁性强弱"，他们控制"电池数量"和"铁芯粗细"两个因素不变，均勾选三节电池和粗铁芯，分别勾选 30 匝、60 匝和 90 匝三种线圈开展实验。在完成实验设计后，用磁感应强度传感器开展测量，就可以完成猜想的验证。可以看出，T 老师备课时采用勾选方法"埋点"助力学生的设计，取得了良好的效果。

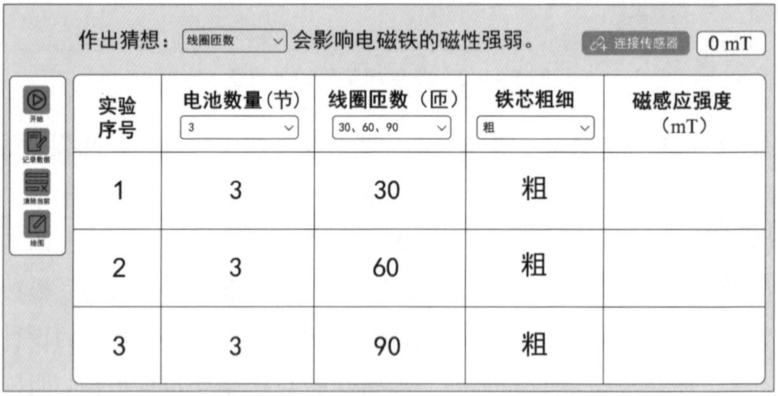

实验序号	电池数量(节) 3	线圈匝数(匝) 30、60、90	铁芯粗细 粗	磁感应强度(mT)
1	3	30	粗	
2	3	60	粗	
3	3	90	粗	

图 3-1-5　学生端实验设计数据记录界面

2. 为学生自主认识活动装置而"埋点"

对于活动器材的认识，是学生设计方案和搜集证据的重要前提。在教学中，教师一般会采用出示活动器材、讲解活动器材功能的方法,引导学生认识所要使用的活动器材,教学过程以教师讲解为主。借助"赛·课堂",教师可以引导学生自主选择和认识器材的功能,为解决探究问题设计活动方案、规范使用器材和进行证据搜集提供更好的帮助。

  例如,比较蛋壳在不同方向上的承重本领是沪科教版《自然》三年级第一学期《奇妙的壳》一课的教学难点。为突破教学难点,一般采用模拟实验的方法开展实验探究。Z老师采用"借力技术,搭建支架"的策略"埋点",利用"赛·课堂"的"连一连"功能,为学生的设计搭建支架,引导学生说出各实验器材的作用,并且组装器材来设计实验方案,在交流表达中体现设计思维和完善实验方案。学生基于教师下发的电子活动任务单(图3-1-6),交流讨论后在学生端平板电脑界面上连线,也就是将鸡蛋壳(凸面向上和凹面向上各一)、铅笔、粗吸管分别与"保证笔下落的方向和距离相同""小鸡的嘴""实验对象"中的某一项建立关联,由此自主认识各实验器材在模拟实验中的作用,为设计后续实验步骤奠定基础。教师可以利用系统汇总全班数据,将各小组连线的结果(图3-1-7)呈现在教室端电子大屏幕上,并组织学生交流,对实验器材的作用达成共识:蛋壳是实验对象,铅笔用来模拟小鸡的嘴,粗吸管的作用是保证笔下落的方向和距离相同。在活动设计中采用这样的"埋点"方式,引导学生自主认识器材的作用,是一种全新的尝试,带来课堂教学样态的变化。

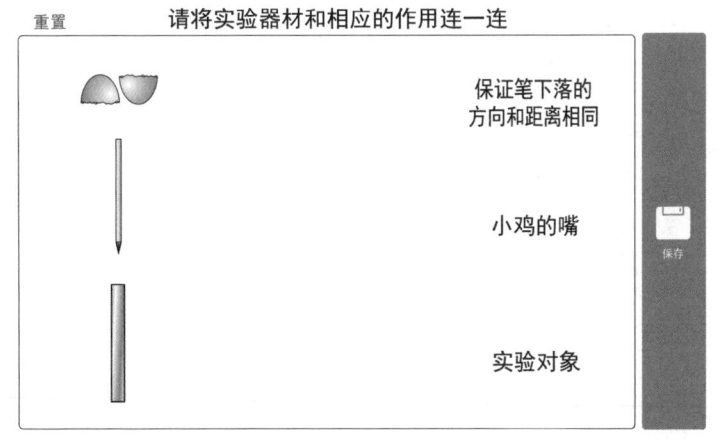

图3-1-6　学生端自主认识实验器材作用界面

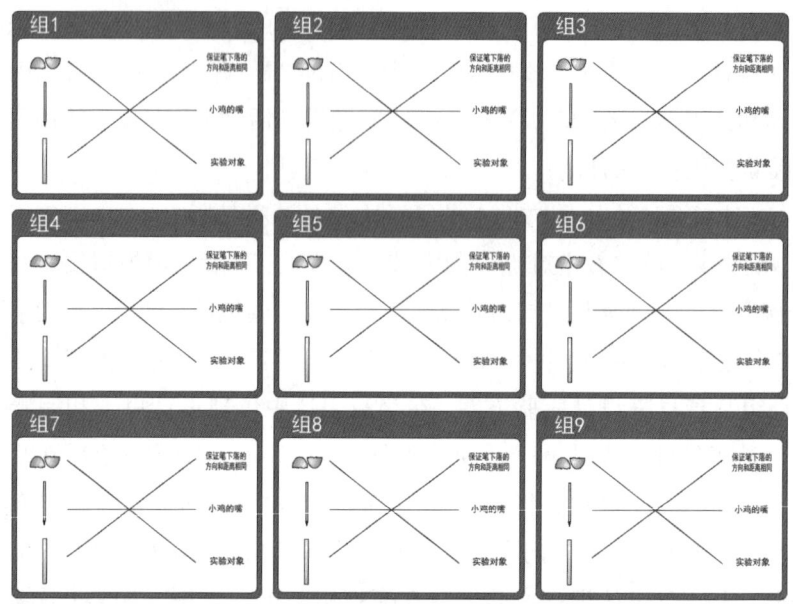

图 3-1-7 教室端各小组连线结果汇总界面

又如,自创课《制作简易称量工具》需要学生小组合作选择合适的材料,设计简易天平或简易杆秤。Y老师采用"借力技术,搭建支架"的策略"埋点"。首先,利用"赛·课堂"的"拖一拖"功能设计任务单,引导学生根据阅读获得信息,在电子活动任务单上将托盘天平和杆秤主要结构的名称拖动到合适的框内(图3-1-8);然后,在选择材料前,小组成员先通过讨论确定初步设计内容,再前往

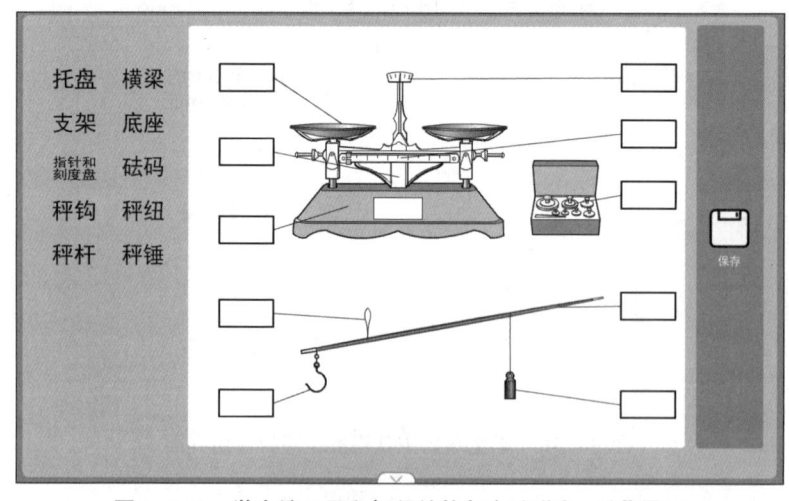

图 3-1-8 学生端天平和杆秤结构与名称"连一连"界面

材料台，现场观察过材料之后，针对所要设计的称量工具各个主要组成部分，选择合适的材料；接着，绘制设计草图，拍照上传至系统（图3-1-9），为大组展示交流和优化设计奠定基础。

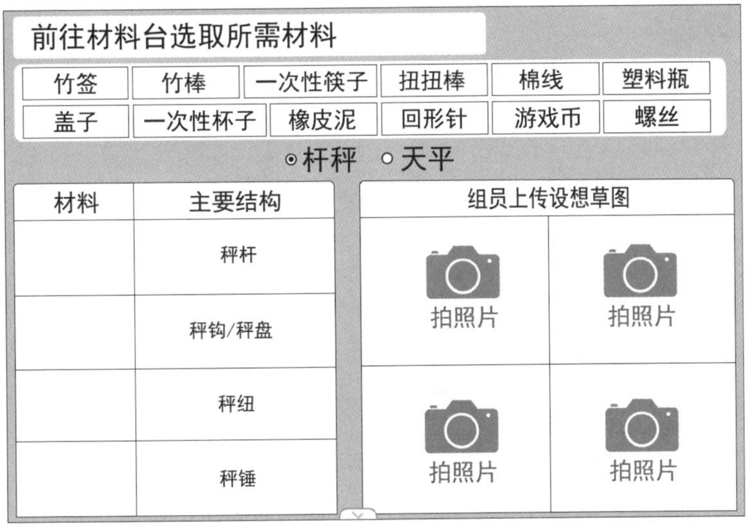

图 3-1-9　学生端材料选择和草图上传界面

3. 为学生图形化设计活动方案而"埋点"

表达设计思路与要点是学生设计方案成果的核心。在教学中，教师一般会要求学生根据问题和实际条件，用文字、图画等方式，书面完成活动方案的设计，并通过大组交流，完善各小组的活动方案。由于小学生文字和图形表达能力相对较弱，所以活动方案的设计既费时又很难形成高质量的书面设计成果。而使用"赛·课堂"功能，教师可以引导学生利用图形化方式设计活动方案，表达自己的设计思路与要点，为设计活动方案提供了一种全新的方式，课堂效益得以显著提升。

例如，在《水到哪里去了》一课中，学生利用Y老师"埋点"设计的实验设计界面，在学生端界面拖拽左侧实验材料的图片（可重复拖拽），采用图形化方式完成验证实验方案的设计。图3-1-10为"组3"学生的设计成果，该小组学生验证水蒸发的快慢与水上方空气流动的快慢有关。学生选择和拖拽了两块相同大小的湿手帕，以保证水的温度和表面积相同；在其中一块湿手帕旁边放置小电扇，以实现水上方空气流动的快慢不同。实验中，基于以上设计，通过对一段时间后两块湿手帕质量的测量，比较湿手帕中水蒸发的快慢，从而验证小组的猜想。

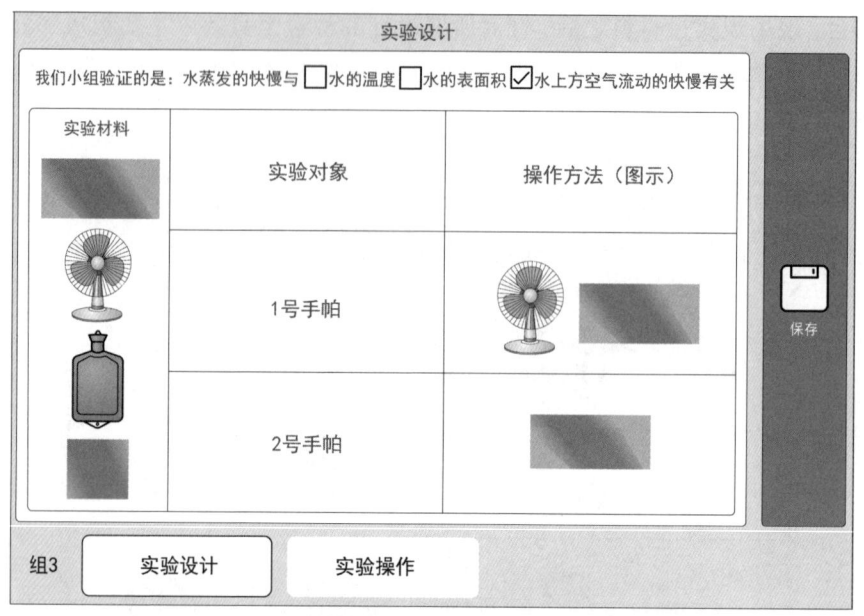

图 3-1-10　学生端验证实验方案设计结果界面

在各小组设计的基础上，Y 老师利用备课时"埋点"的方式，在教师端汇总全班数据（图 3-1-11），并将全班所有小组的设计结果汇总呈现在教室端电子大屏幕上，课堂上组织交流，帮助学生完善设计方案，为验证实验做好铺垫。

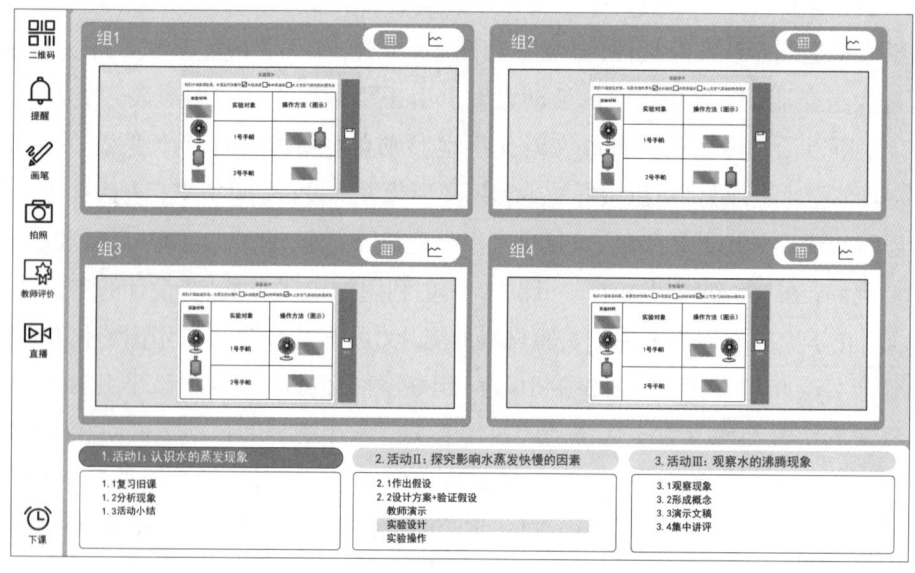

图 3-1-11　教师端验证实验方案设计结果界面

再如，W 老师在《影响电磁铁磁性强弱的因素》一课中，"埋点"提供图形化设计活动方案的界面。学生在学生端界面可以拖拽左侧实验材料的图片至右侧空白栏（可重复拖拽），采用图形化方式完成实验方案的设计。图 3-1-12 为某小组学生的设计结果，该小组学生验证电磁铁磁性强弱与线圈匝数有关，他们在三次实验中均拖拽 1 节电池，以保持电池数量不变，同时，分别选用 100 匝、150 匝和 200 匝三种线圈，完成了实验的设计。

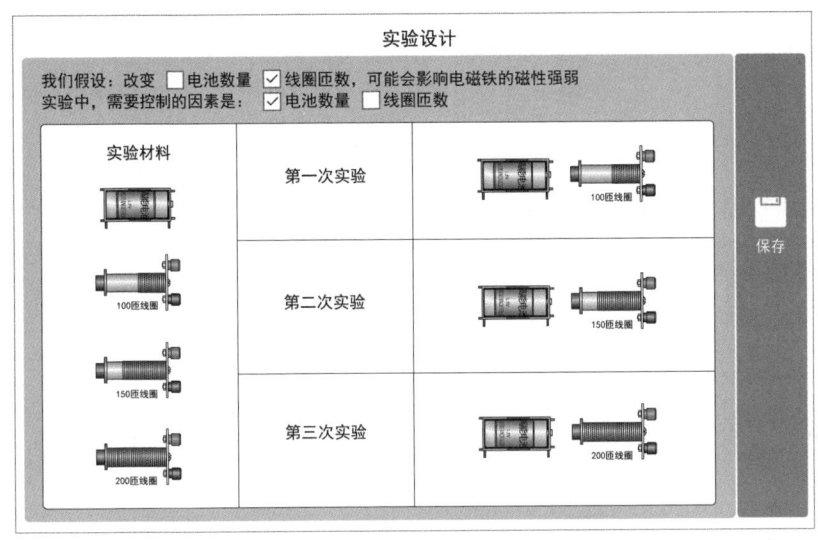

图 3-1-12　学生端实验方案设计界面

又如，自创课《船的漂浮》主要引导学生探知使船体能安全漂浮的方法。其中，"分隔船舱""使破损的小船不沉没"是本节课的教学难点。为突破教学难点，G 老师采用"借力技术，呈现思维"的策略：首先，借助"赛·课堂"教学系统，学生可以在学生端平板电脑上完成改进船舱的设计，通过教室端电子大屏幕呈现汇总的各小组设计图，使学生的工程设计思维可视化，并增强各小组间设计交流的有效性和针对性；随后，学生根据本组的设计方案，利用教师提供的防水胶泥等材料，将隔板底部与船舱底部进行黏结，验证小组的设计是否可行。在学生设计船舱隔板环节，G 老师利用系统"拖一拖"功能，为学生设计界面"埋点"（图 3-1-13）。学生可以在学生端平板电脑界面上拖动左侧的隔板（可重复拖拽），表达本组的设想。

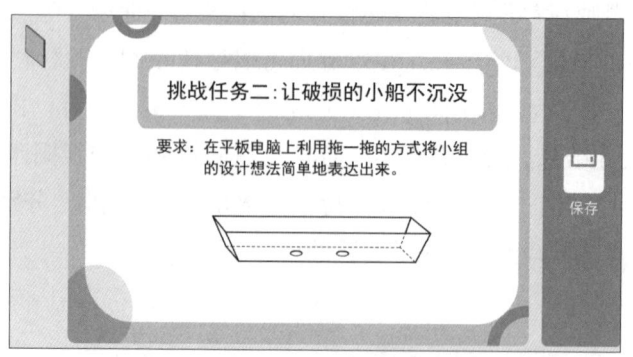

图 3-1-13　学生端小组设计界面

课堂上，学生在学生端平板电脑界面上拖拽隔板，将不同数量的隔板拖动至船体设计图上想要安装的位置，即可表达本组的设计想法。这一方法大大降低了低年段学生设计的难度。同时，方便的设计操作给予学生更广阔的设计空间，提升了学生的设计思维深度。从各小组设计方案的汇总界面（图3-1-14）可以看出，不同小组有不同的设计，有采用2块隔板的，也有采用3块、4块、6块甚至更多块隔板的。教师借助学生的设计想法，在大组交流和学生实践后，教学难点得以突破，同时引出了"水密隔舱"这一中国古代造船技艺。

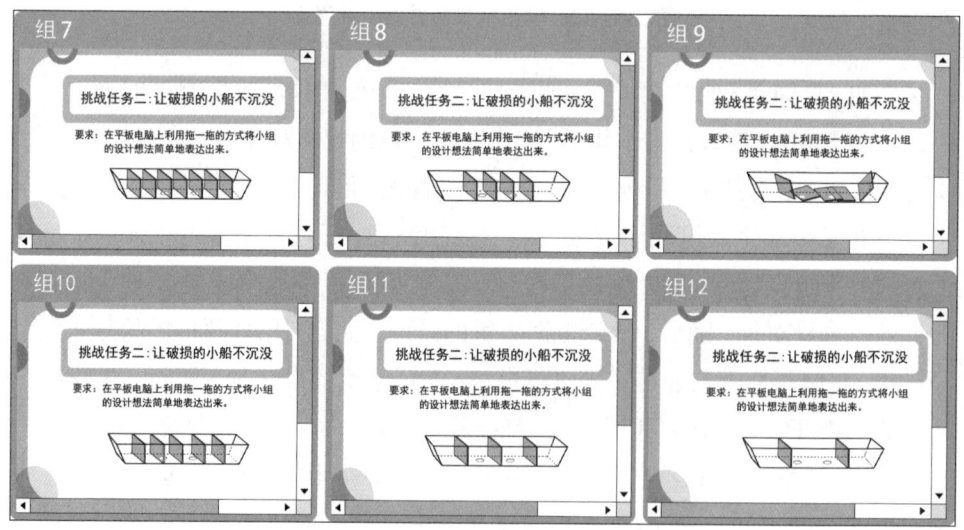

图 3-1-14　教室端各小组设计方案汇总界面

图形化设计活动方案易于小学生理解，便于操作，也有利于大组交流与分享，显著提升学生设计的效率和能力，已经被广泛使用于其他课堂。

教师利用"赛·课堂"的功能，在备课时提前"埋点"，搭建各种巧妙的"设计支架"，助推课堂学习活动的改进。有了"设计支架"，学生在设计科学探究实验和技术工程实践活动方案时，科学思维得以更好地发展。

第二节 因埋而活

一、图说：组合式支架之活动数据支架

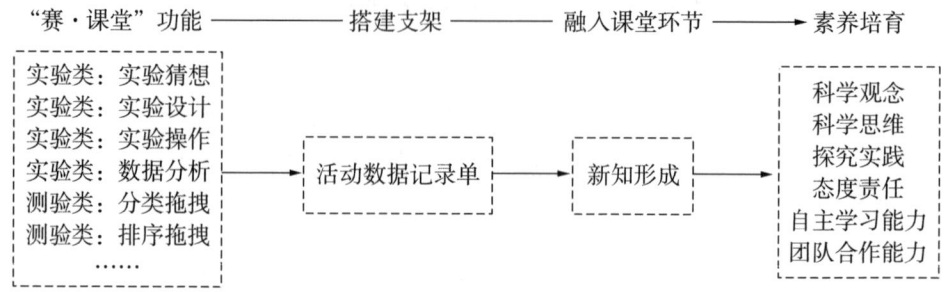

图 3-2-1 学生数据支架的搭建与功效

如图 3-2-1 所示，利用"赛·课堂"中的"实验类：实验猜想""实验类：实验设计""实验类：实验操作""实验类：数据分析""测验类：分类拖拽""测验类：排序拖拽"等功能，教师在备课时可以结合教学内容，为学生建构数字化的"活动数据记录单"，用于回收与反馈学生在新知形成过程中提出问题与作出假设、搜集证据、处理信息和解释问题等子进程中的各类数据。这一"活动数据支架"为培育学生科学观念、科学思维、探究实践、态度责任、自主学习能力和团队合作能力而"埋点"。

借助"数据支架"，把活动任务单中有关提出问题与作出假设、证据搜集、信息处理和解释问题等相关的记录板块数字化，形成"活动数据记录单"，学生只需实施选择、点击和输入等操作，即可完成信息的填写和数据的记录，巧妙地简化了小学生科学实验操作和数据处理的要求，确保学生课堂上顺利完成实验和获取精确的科学证据，留出更多时间进行分析与归纳，形成更为全面的科学认知。在学生"活动数据记录单"的基础上，借助"数据支架"，教师还可以把全班各小组或全体学生的活动数据以各类图表形式汇总反馈。通过"数据支架"，在探究实践的过程中，学生获取了更为精确和全面的数据，理解科学观念，提高科学实证意识和推理论证水平，同时，态度责任、自主学习能力及团队合作能力也得以强化。

课堂科学证据的精准与全面"因埋而活"。

二、细议：活动数据支架的主要作用和"埋点"操作

在利用"赛·课堂"备课时，教师可以有效地使用其相关功能，提供精准与全面的科学证据，为小学生形成科学概念搭建灵活的学习支架，助推课堂学习活动的改进。

（一）支架的主要作用

在探究实践的过程中，需要突出学生证据意识的培养。有数据支撑的探究实践过程可以帮助学生更好地理解科学原理和规律。数字技术在科学课堂场景中的应用可以给予学生更多全面与精确的科学证据。通过全面与精确的证据理解科学观念，让探究实践用数据说话，可以提高学生科学实证意识和推理论证水平，培养科学态度与责任感。

在科学课堂中，探究实践的核心要素有提出问题或提出任务、制订计划、实施方案、获得证据或形成初步作品、分析证据或改进设计和进行表达交流或展示等。在探究实践的全过程中，重点培养学生实验方案制订、数据积累和分析、表达与表现、良好习惯和团队合作等，丰富学生自主、合作、探究学习的时空，形成更多以问题解决为特征的课堂教学。借助系统实时回收与反馈的数据、表格及其他可视化的科学证据，学生可以快速加工和记忆直观的信息，进行互动交流、开发科学模型及对科学问题开展合作探究与实践。

"数据支架"的作用便是让学生在探究实践中获得更多全面与精确的科学证据，支持学生自主或合作学习，更好地发展科学观念、科学思维、态度责任、自主学习能力与团队合作能力。教师备课时可以"埋点"搭建合适的"数据支架"，通过各类"活动数据记录单"，用备课时所埋设的图表及其他可视化方式呈现实时的科学证据，学生可以快速加工和记忆直观的信息，有了更多讨论、思考和修改的机会，助力学生探究实践能力的提升。

（二）"埋点"操作举隅

1. 为学生提出问题与作出假设而"埋点"

提出问题与作出假设是探究实践的先导阶段。提出问题是学生通过感知情境，触发探究实践问题的过程；而作出假设是学生基于已有科学知识、生活经验

和实验事实，进行逻辑推理，形成问题可能答案的过程。这一阶段能帮助学生明确探究实践的内容和方向，指导探究实践沿预定目标展开，避免探究实践的盲目性。作出假设是对解决问题的方案作一定的预见性思考，它为搜集证据、处理信息和解释问题提供了一个大致的框架。假设一旦得到实验结果的支持，就可能发展成为科学结论。

小学生对于事物和现象背后的科学知识的探究兴趣浓厚，但发现并提出可以探究的实践问题，继而找到问题答案的能力较弱，往往无法用科学语言提出科学问题和可能的答案，需要教师提供有效引导。借助"赛·课堂"搭建"数据支架"，教师可以"埋点"：使用情境化的图片、结合生活实际的文字或视频创设情境，利用认知冲突引导学生提出问题，并通过文字、符号进行猜想与假设，可以将学生提供的文字、符号数字化，以图表形式进行汇总。这些都可以成为学生提出问题与作出假设的重要素材。

例如，在《物体的沉和浮》一课中，学生需要认识不同的物体在水中有沉有浮。L老师基于学生的生活经验，以"哪些物体放入水中会沉，哪些会浮"的问题，引导学生利用教师在使用"赛·课堂"备课时"埋点"设计的方式，用简单符号记录小组猜想的结果，同时借助系统分列汇总各组学生猜想的结果，实时呈现在教室端电子大屏幕上。全班共有12个小组，关于物品沉与浮的猜想完全一致的各有3个物品，另有4个物品，各组关于其沉与浮的猜想不一致（图3-2-2）。在全班汇总数据的支持下，L老师组织学生交流小组猜想，鼓励表达不同的想法，帮助学生养成严谨求实的科学态度，同时为学生验证猜想提供更为清晰的指导。

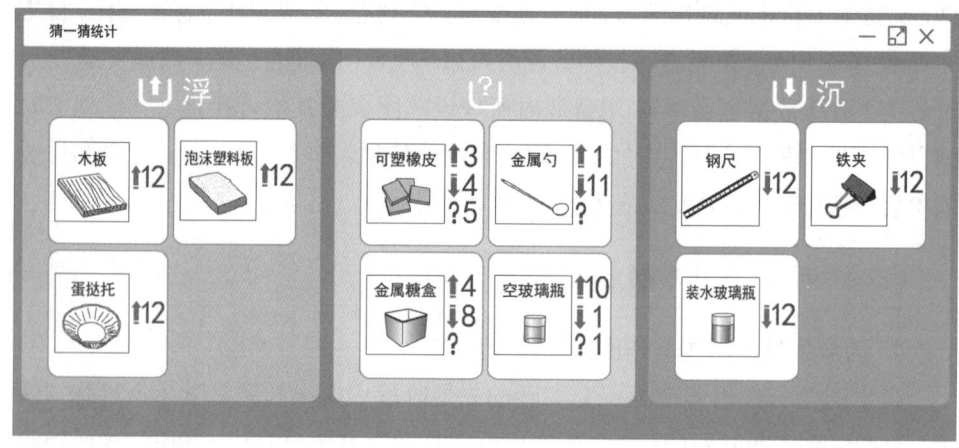

图 3-2-2 教室端电子大屏幕上全班各小组猜想结果汇总界面

在探究实践的过程中，为学生提出问题和作出猜想与假设而"埋点"，课堂上各组学生数据的记录和统计同步进行，实时汇总呈现在教师端和教室端电子大屏幕上，教师引导学生通过分析全班数据，结合生活经验，发现科学问题并推测可能的答案，可以大大节省原本汇总所用时间，课堂教学时空发生明显的变化，学生交流表达的时间更充分，提出问题和作出猜想与假设的质量更高。

2. 为学生有效搜集证据而"埋点"

搜集证据是探究实践计划实施的初始阶段，要求学生根据计划，从证据的类型和搜集的方式等角度考虑，使用不同的调查手段和工具搜集证据，能通过一定的观察及较规范的实验搜集数据或有关信息。这一阶段要求学生能规范使用一些简单的测量工具和实验仪器，较系统地观察、较规范地实施实验和多途径搜集证据，也有实事求是、持之以恒和安全操作等意识方面的要求，是学生操作能力提升和态度责任养成的关键阶段。

（1）实时记录实验结果

为帮助学生有效搜集证据，教师可以利用系统的自动数据采集、拍照或拍摄视频、结果选择、证据输入和分类汇总等功能"埋点"，实时记录学生实验操作的结果，同时将学生科学思维过程可视化，成为分析归纳和形成问题解释的科学证据。

例如，在T老师执教的《影响电磁铁磁性强弱的因素》一课中，某小组学生在实施实验操作，验证"线圈匝数会影响电磁铁的磁性强弱"时，点击学生端界面左侧的"记录数据"按钮，即可记录每一次实验时磁感应强度传感器测得的电磁铁磁性强弱的数据（图3-2-3）。

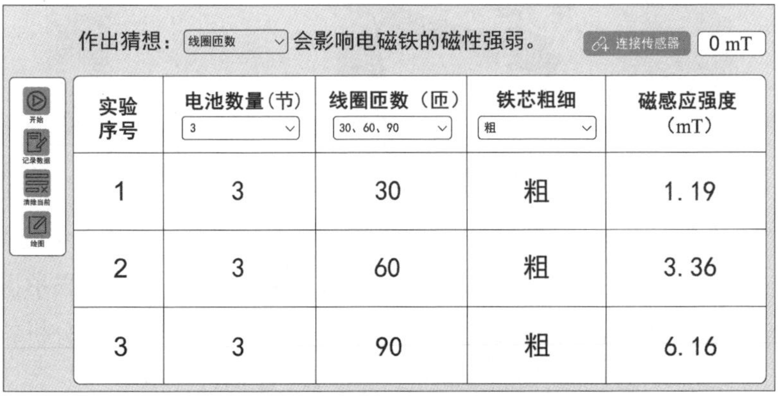

实验序号	电池数量（节）	线圈匝数（匝）	铁芯粗细	磁感应强度（mT）
1	3	30	粗	1.19
2	3	60	粗	3.36
3	3	90	粗	6.16

图 3-2-3　学生端实验记录界面

这样的记录界面与传统科学实验的数据记录形式相同,在数字化课堂教学运用中是教师使用最普遍的一种方式。在本课中,T 老师充分利用系统与 DIS 传感器连通的优势,实现数据自动采集,免去了数据输入的操作。此外,系统也支持实验数据的手动输入,为非 DIS 实验数据采集提供支持。

(2)呈现学生科学思维过程

除了实时记录传统意义上实验的操作结果,原本很难呈现的学生科学思维过程也可以借助"赛·课堂"以一定的方式实现可视化,成为学生科学学习的数据资源。

例如,《杠杆平衡》一课的教学重点是"什么是杠杆",教学难点是"探究使杠杆在水平位置平衡的方法"。为突出教学重点,Z 老师利用"赛·课堂",在备课时通过"埋点"搭建了四个"数据支架"。

第一个"数据支架"(图 3-2-4):课堂上学生在已有生活经验的基础上再玩跷跷板,完成跷跷板受力情况和支点的分析,并在学生端界面上用箭头和圈画的方式表示,保存后将小组分析结果上传至系统。教师根据系统汇总的全班数据,组织大组交流活动,与学生共同分析若干个小组的分析结果,为学生认识杠杆模型提供事实支持。

图 3-2-4　学生端跷跷板受力情况和支点分析界面

第二个"数据支架"(图 3-2-5):课堂上学生利用自己文具盒中的物品,完成简易跷跷板的制作,利用"赛·课堂"的拍照功能,将小组制作成果拍摄成照片并上传至系统。教师根据系统汇总的全班数据开展大组交流活动,分析若干小组完成的作品,归纳跷跷板结构的共同点,引导学生建构杠杆模型。

认识杠杆	
编号	简易跷跷板
1	拍照片

图 3-2-5　学生端简易跷跷板制作后拍照上传界面

第三个"数据支架"（图 3-2-6）：课堂上学生在学生端阅读关于四种工具的相关材料后，判断并交流这些工具在使用时是否是杠杆，并作出小组的选择。各小组将选择的结果上传至系统，系统在教师端和教室端实时呈现全班各小组的选择结果。教师可以浏览教师端的汇总界面，及时了解各小组的判断结果，为后续交流作谋划；学生也可以从教室端的汇总界面看到其他小组的判断结果，引发思考。

编号	工具	是否为杠杆
1		○是 ○否
2	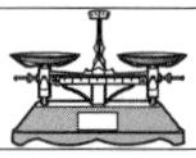	○是 ○否
3	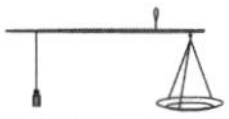	○是 ○否
4		○是 ○否

图 3-2-6　学生端判断选择工具使用时是否杠杆的界面

第四个"数据支架"（图 3-2-7）：利用系统功能，分"是""有争议""否"三列，回收各小组选择的结果。课堂上，在教室端电子大屏幕上实时呈现全班判断选择的结果：全班 11 个小组对于托盘天平、杆秤和弹簧测力计三种工具是否杠杆的判断结果完全一致，但对于开瓶器的判断有争议。在教师端，Z 老师点击界面上的"9"和"2"两个数字，可以与学生一起了解作出相关选择的具体组别，然后组织学生交流达成共识，并提供修正机会，教室端电子大屏幕上可以实时呈现学生小组的修改结果。

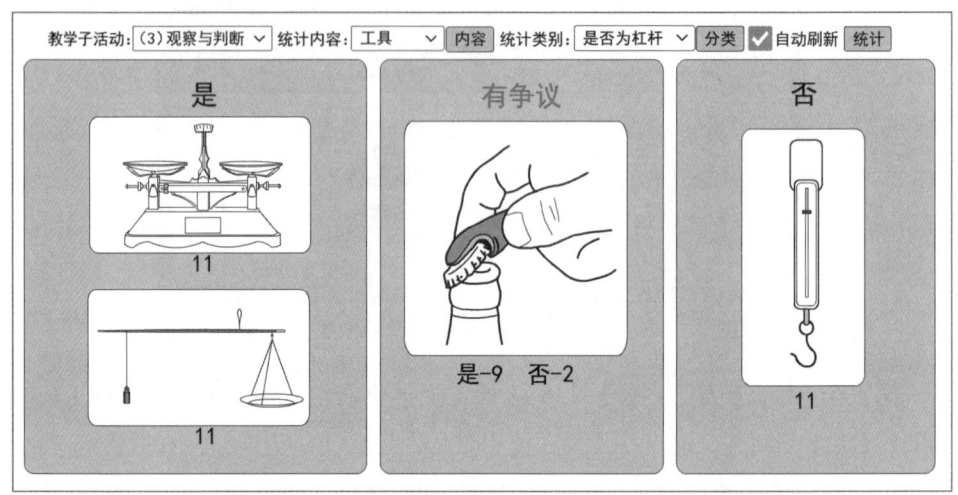

图 3-2-7 教室端电子大屏幕学生选择结果汇总界面

四个"数据支架"层层深入,将学生的思维可视化,丰富学生表达表现的时空,以数据驱动学生杠杆模型的建构,很好地突出了教学重点,学生科学思维培养有了更好的实施载体。

为了突破教学难点,Z 老师"埋点"搭建如图 3-2-8 所示的"数据支架"。在学生猜想后,组织学生借助杠杆尺实验验证使杠杆在水平位置平衡的不同方案,并在学生端进行数据记录。该"数据支架"形象与抽象相结合:左侧形象呈现杠杆尺实物和研究条件,右侧抽象呈现学生调节杠杆尺平衡的不同方案,符合四年级学生的认知特点和学习兴趣,很好地突破了教学难点。

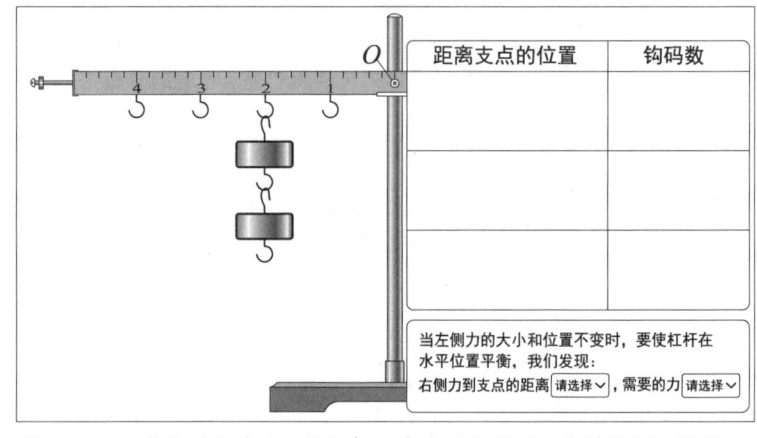

图 3-2-8 学生端实验验证使杠杆尺在水平位置时平衡的数据记录界面

"赛·课堂"的拍照功能是教师搭建"数据支架"时最常用的功能之一，该功能支持学生通过拍摄照片的方式记录探究实践的过程和成果，如实验现象、实践作品、纸质设计方案等，然后通过学生端上传至教师端和教室端。另外，系统还提供视频拍摄功能，该功能支持教师为学生设置确定时长或不确定时长视频的拍摄，其中教师最常用的是确定时长为6秒或10秒的视频拍摄，这样的视频时长在组织学生开展全班交流时较为省时与高效。由系统汇总照片和视频，成为学生分享学习成果的一种方式，也成为学生科学学习的重要证据；是教师评价学生学习活动质量的有效证据，也是教师调控课堂教学的重要依据。

例如，在《物体的沉和浮》一课中，L老师"埋点"搭建如图3-2-9所示的"数据支架"，引导学生在课的最后解决导入情境中提出的问题，即要求学生利用探究形成的新知，选择可以帮助小兔浮起来的物体，并尝试做一做，观察所选的物体能否成功解决问题，同时以拍摄6秒视频的方式予以记录。

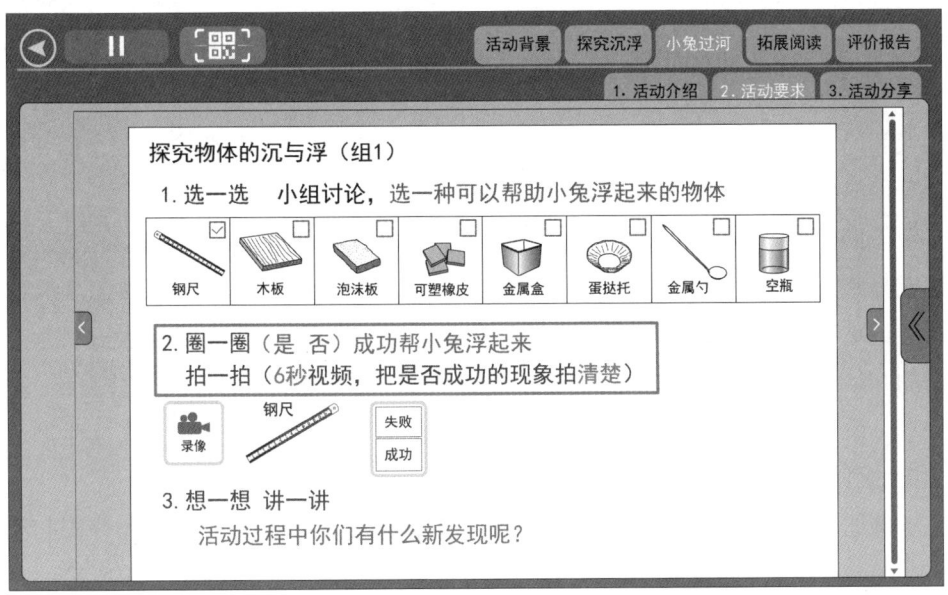

图3-2-9 "选择可以帮助小兔浮起来物体"活动要求的界面

系统汇总全班数据，所有小组拍摄的视频均在教师端和教室端电子大屏幕上呈现（图3-2-10）。随即，L老师组织交流活动，邀请学生代表描述观察到的现象和自己的思考。该新知应用环节既新颖又高效。

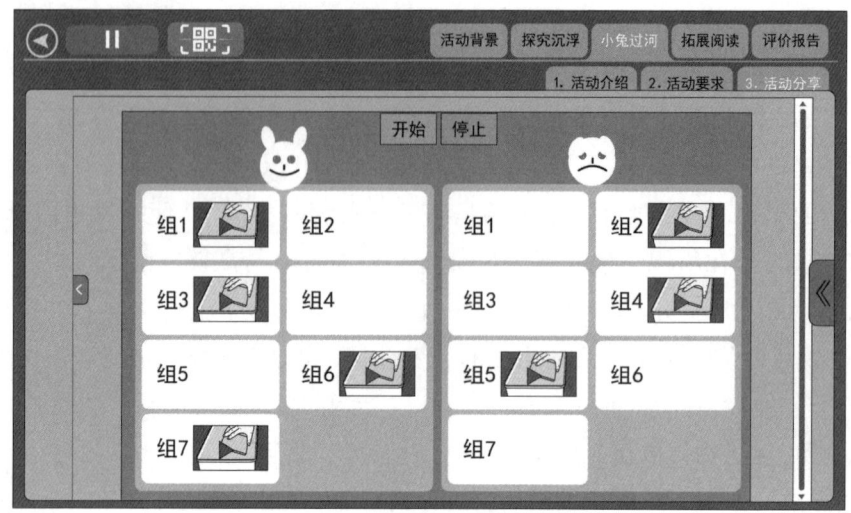

图 3-2-10　教室端各小组视频汇总的界面

3. 为学生高效处理信息而"埋点"

处理信息是探究实践计划实施的深入阶段，信息的处理分析是得出有效证据的关键。学生需要依据现有的模型和提示，使用统计分析、类比推理等方式处理材料和理解数据，并用简单的文字、图表记录过程和结果。这一阶段是学生科学建模和论证能力提升的重要阶段。然而，小学生往往无法用科学方法记录探究实践获得的证据，对证据的处理能力较弱，需要教师提供有效引导。

借助"赛·课堂"的数据汇总、分析和图示转化等功能，可以实现数据整合、集成与共享。学生的分析归纳、交流表达不再是对脑海中实验现象或少量实验数据的记忆、分析，而是基于更为直接和全面证据的推理与论证，真正做到科学证据的"有目共睹"。同时，每一名学生或每一个小组的努力、思考都能被看到、被分享。系统的信息处理方式既提高了学生课堂参与的积极性，也提升了学生循证分析的科学意识。

例如，Z老师在《杠杆平衡》一课后，为学生处理实验所得数据和分析归纳实验结论"埋点"搭建图示转化的"数据支架"，将学生小组各次实验所得的距离支点的位置和钩码数转化成杠杆在水平位置平衡时的图示（图3-2-11），即由表格呈现转化为图示呈现。例如，当杠杆右侧距离支点1格处挂有4个钩码时，"1格"和"4个"这2个数据可以转化成一条有向线段"力1"。

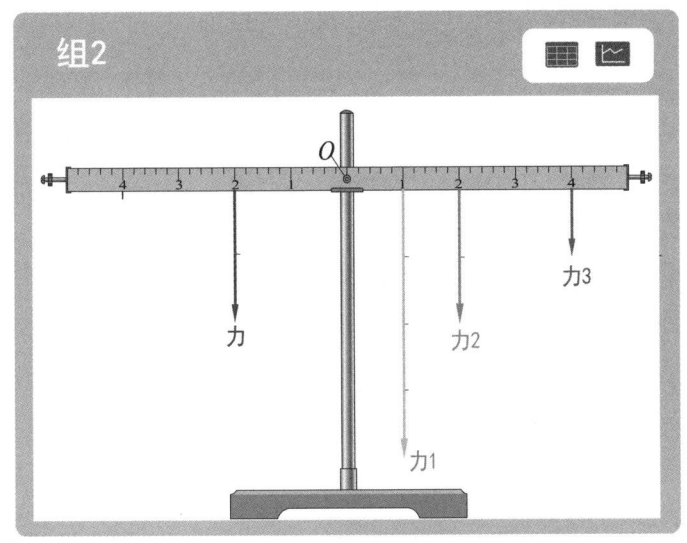

图 3-2-11　学生端实验数据表转化为图示的界面

图示化处理将原本抽象的数据转化为力和位置变化趋势的形象图示，为学生突破本实验处理信息这一难点提供了有效的学习支架。在汇总全班数据后，Z 老师引导学生共享数据，开展循证分析，又将各小组形成的特殊结论过渡到全班的一般结论。

4. 为学生合理解释问题而"埋点"

解释问题是探究实践计划实施的最后阶段，主要是为了建立证据和猜想之间的联系，要求学生能用科学方法得出简单结论，并运用证据与结论对猜想与假设作出合理的解释。这一阶段能帮助学生通过比较、分类、归纳等方法得出简单的结论，运用证据与初步结论对探究的问题作出合理解释，并具有对探究过程和结果作出初步评价和反思的意识，是学生形成科学概念的重要基础。

小学生将处理数据与得出结论相联系的能力较弱，往往无法用科学语言得出结论，需要教师提供有效引导。而借助"赛·课堂"搭建"数据支架"，可以将抽象、繁杂的实验数据通过图形转化成直观的、直接的、符合小学生认知特点的方式，便于学生在数据与结论之间建立关联，从而合理解释问题，完成探究，更好地促进科学观念、科学思维和态度责任等素养的发展。

例如，自创课《斜面》的教学重点是"斜面坡度越小，越省力"。为突出教学重点，H 老师利用"赛·课堂"，备课时通过"埋点"搭建包含数据记录表和拉力与斜面长度关系图像的电子活动任务单(图 3-2-12)。

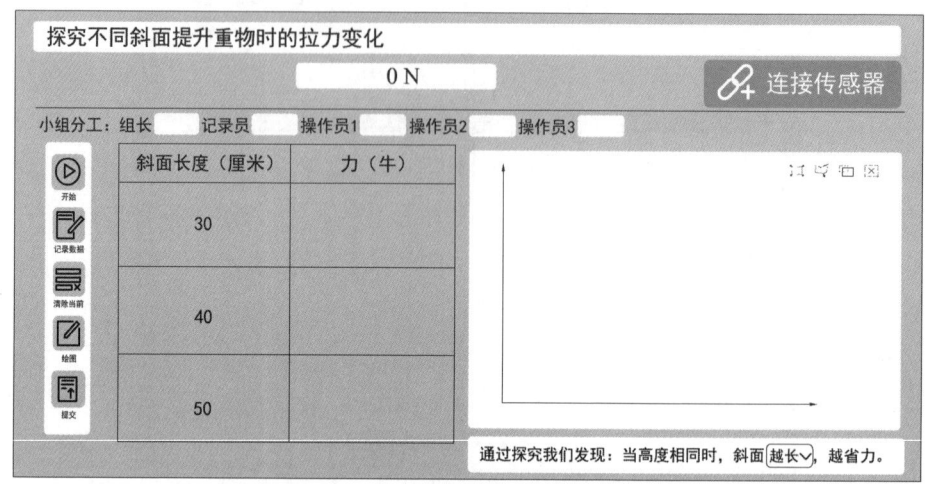

图 3-2-12　学生端探究实验电子活动任务单

在 H 老师设计的这一"数据支架"中，学生需要明确小组的分工安排，按照分工开展实验，连接力传感器，搜集长度不同的斜面提升同一重物到相同高度时的力的大小，系统会将三次实验的数据自动转化成拉力与斜面长度关系的条形统计图(图 3-2-13)。学生基于数据表格和条形统计图，形成对所探究问题的初步解释。

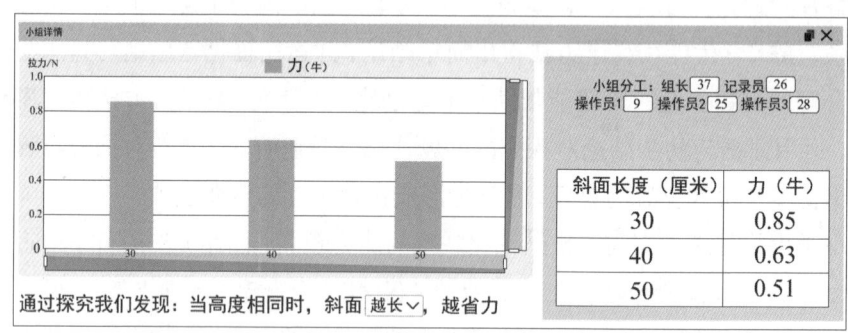

图 3-2-13　学生端探究实验数据表格和图像示例界面

在各小组形成结论并完成大组交流汇报后，H 老师利用系统"汇总实时数据生成图像"功能，将全班所有小组实验数据汇总形成折线统计图(图 3-2-14)。图中，从左往右依次为组 1 到组 8 的三次实验数据，不同颜色的折线分别表示斜面长度为 30 厘米、40 厘米和 50 厘米时的数据汇总情况。教师引导学生分析由全班各组的实验数据形成的折线统计图，进一步解释所探究的问题，最终形成"斜面坡度越小，越省力"的实验结论。

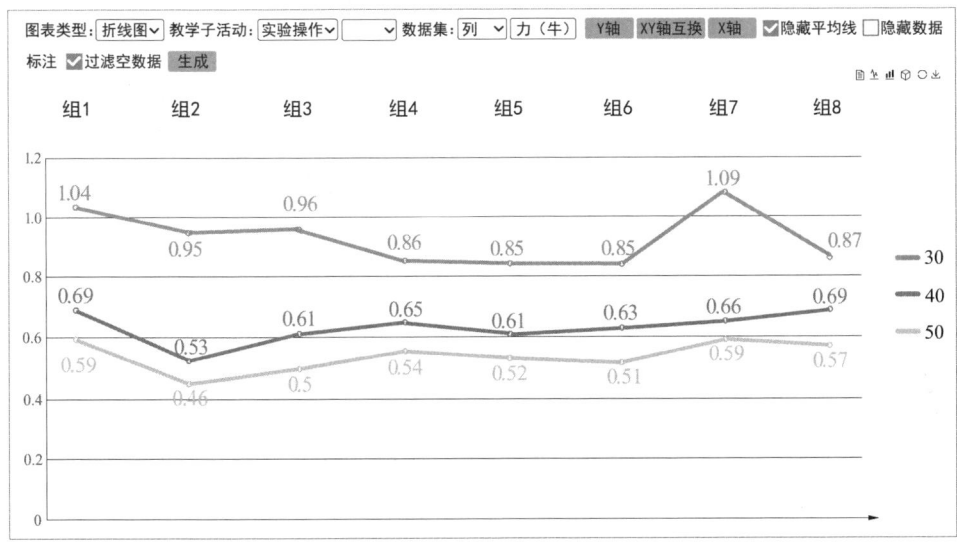

图 3-2-14　全班所有小组的数据以折线图方式汇总的界面

除了条形统计图和折线统计图，系统还可提供散点图、雷达图和扇形统计图等统计图形式，汇总呈现全班所有实验数据。系统"汇总实时数据生成图像"功能已被学科教师充分认可，并广泛应用于通过科学探究解释问题的过程。

教师利用"赛·课堂"的功能，在备课时提前"埋点"，搭建各种巧妙的"数据支架"，助推课堂学习活动的改进。有了"数据支架"，学生在实施科学探究实验和技术工程实践时就有了数据驱动的学习新样态。

第三节 因埋而宜

一、图说：组合式支架之学生阅读支架

如图 3-3-1 所示，利用"赛·课堂"中的"学生阅读"功能，教师在备课时可以结合教学内容，为学生建构数字化的"阅读任务单"，用于课堂情境创设、学生新知形成和应用新知等课堂教学的不同环节之中。这一"阅读支架"是为培育学生科学观念、自主学习能力和信息处理能力而"埋点"。

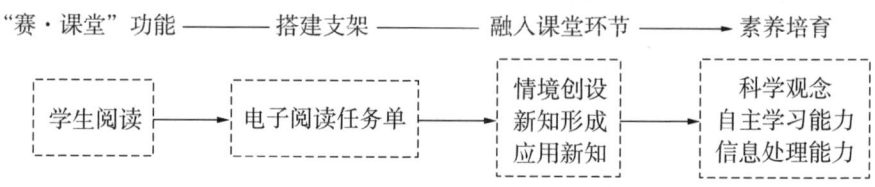

图 3-3-1 学生阅读支架的搭建与作用

"阅读支架"把活动任务单中的阅读板块数字化，形成"电子阅读任务单"，学生通过批注功能对阅读材料进行圈画、批注，留下思考的痕迹。借助"阅读支架"，学生可以获取更丰富的经验与事实，可与同伴进行有依据的交流互动，创造性地提出自己的见解，同时也能更好地激发学生对自然现象的好奇心和探究热情，强化学生的科学观念、自主学习能力和信息处理能力。

科学阅读与课堂教学的融合"因埋而宜"。

二、细议：学生阅读支架的主要作用和"埋点"操作

在利用"赛·课堂"备课时，教师可以有效地使用其功能，为学生顺利与高效地开展课堂阅读活动搭建适宜的学习支架，助推课堂学习活动的改进。

（一）支架的主要作用

科学来自人们对生活、自然的思考，阅读是学习科学的重要途径和手段。

科学阅读能力是科学素养的一个重要组成部分，是衡量科学学习水平的重要标志。

在《小学自然学科核心素养研究报告》中，对小学生科学探究能力提出了"会从图书、网络等途径查找所需资料"的要求。报告还建议教师，"要充分利用各种信息技术资源，通过多种渠道获取与教学相关的科学知识，以及现代科学技术发展的动态信息等资源"。在《上海市小学自然学科教学基本要求（试验本）》（以下简称《教学基本要求》）中，将阅读活动作为自然学科的主要学习活动之一，要求"通过阅读活动，从文字、图片、符号、图表等材料中获取需要的信息，领会其内容"。

在科学课堂中，突出"做中学"和"书中学"两种认知方式并举，数字化教学系统可以为学生认知方式的优化提供支持和帮助。"阅读支架"的作用便是在探究实践中支持学生自主及合作学习，提升科学阅读能力，形成良好的认知方式，更好地发展科学观念、自主学习能力和信息处理能力。教师在备课时可以"埋点"搭建合适的"阅读支架"，通过各类"电子阅读任务单"，用备课时所埋设的各类阅读资料实时呈现科学证据，学生可以在提出问题、作出假设、制订计划、搜集证据、分析证据、形成结论及进行知识应用等环节中快速加工和记忆直观的信息，也就有了更多讨论和思考的机会，助力学生科学阅读能力的提升。

（二）埋点操作举隅

1. 为学生提出问题和作出假设而"埋点"

学生发现并提出科学问题，需要有生活经验和已有科学认知的支持。学生的生活经验有限，如何帮助学生从生活中发现问题？通过科学阅读可以丰富学生的经验事实，为学生利用已有科学认知发现问题并提出可以探究的科学问题提供支持，为学生对问题的可能答案作出猜想与假设服务。

例如，在执教沪远东版《自然》三年级第一学期《桥面承重》一课时，H老师利用"赛·课堂"下发电子阅读任务单，为学生提供四张不同桥的图片（图3-3-2），引导学生以小组为单位仔细观察桥的桥面材料、桥的形状和通行对象等，并作对比。

图 3-3-2　生活中常见桥梁对比电子阅读任务单

通过对不同桥面材料、桥的形状和通行对象的比较，学生发现不同桥面的承重能力不同，引出"桥面承重能力与什么因素有关"的探究问题，同时为学生对问题的可能答案作出猜想提供事实依据。

在电子阅读任务单上，学生可以对多媒体资料进行细致的观察，可以通过批注功能对资料进行圈画、批注，留下思考的痕迹（图 3-3-3），既可以丰富学生的所见所闻和经验事实，又可以激发学生对自然现象的好奇心和探究热情，创造性地提出自己的见解。

图 3-3-3　学生批注的电子阅读任务单

借助"阅读支架",可以引导学生通过细致的对比,发现自然现象之间的区别,引发学生思考,提出可以探究的科学问题,并对问题可能的答案作出猜想与假设,发展学生的信息处理能力、对比分析思维和科学质疑精神。

2. 为学生制订计划和搜集证据而"埋点"

在提出问题和作出猜想与假设后,学生需要在适当的引导下,根据实际情况制订简单的探究计划,并根据计划从证据的类型、搜集的方式等角度考虑,使用不同的调查手段和工具搜集证据。教师可以使用"阅读支架"向学生提供制订计划的参考资料和计划中需要搜集的内容,还可以在学生活动时提供实验操作手册或操作演示视频,学生可以根据自己的需求选择不同的学习方式,明确实验操作的步骤和要求。在实验过程中,学生还可以在学生端平板电脑上随时调出手册或视频反复阅读,形成实验活动中的个性化学习。

例如,在《制作简易称量工具①》一课的"设计制作方案"活动中,Y老师下发的电子阅读任务单以短视频形式呈现方案设计要点(图3-3-4),引导学生以小组为单位,在学生端平板电脑上观看操作视频,明确活动内容和要求,知道选材和绘图的要求,为制订计划提供帮助。

图3-3-4 学生端设计制作任务的阅读界面

有了明确的选材和设计的要求,各小组成员通过讨论初步确定设计的内容,然后前往材料台,现场观察过材料之后,针对称量工具各个主要组成部分,选择合适的材料,并进行设计绘图,本节课的教学重点得以突出,教学难点得以突破。

小学生探究实践的操作能力和安全操作意识较弱,遇到困难仍能坚持探究实践的意志也较弱,需要教师提供有效引导。借助"赛·课堂"搭建"阅读支架",教师可以在备课时将实验操作的图文和视频资料作为学生的学习资源,在学生搜集证据前下发至学生端,供学生提前学习,或是在搜集证据过程中遇到困难时再次浏览学习。这样的学习支架为提升学生实验操作能力、证据搜集能力提供帮助,也适当降低了学生遇到困难的可能性,并增加了学生解决困难的途径,对于学生探究实践起到了很好的支撑作用。

例如,沪远东版《自然》三年级第一学期《力和机械》一课主要认识简单机械的作用。W老师为了帮助学生提高实验操作的规范性,设计了实验操作手册这一"阅读支架",其中详细罗列每一步实验步骤,还配有操作演示视频(图3-3-5)。课堂上,W老师先演示如何操作,然后将实验操作手册下发至学生端,学生可以根据自己的需求选择不同的学习方式:在实验前,可以通过阅读文字和视频,在教师此前讲解的基础上,进一步明确小组分工要求、实验操作步骤和实验注意事项;在实验过程中,还可以随时调出手册反复阅读,为规范开展实验、保证实验安全和有效搜集证据做好准备,同时形成实验活动中的个性化学习。

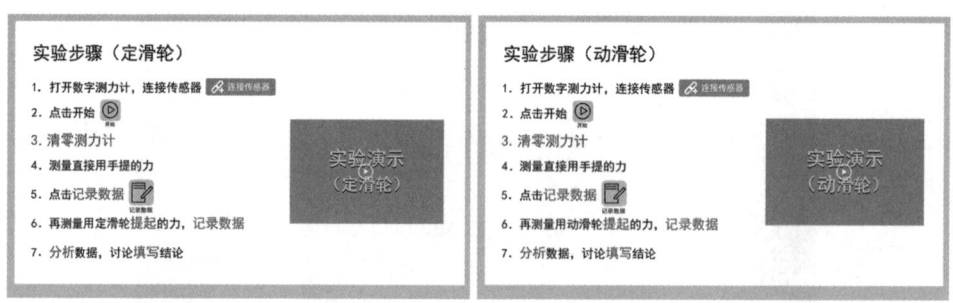

图3-3-5　学生端实验要求和操作视频阅读界面

通过"阅读支架",引导学生自主获取制订计划和搜集证据的关键信息,提高科学探究活动的有效性,同时提升学生自主学习和处理信息的能力。

3. 为学生分析证据和形成结论而"埋点"

有时候,学生搜集的证据不足以支持科学结论的得出。针对这种情况,教师可以使用"阅读支架",向学生适时、适量地提供分析证据和形成结论需要的信息,引导学生通过自主阅读获取信息,以得出科学结论。

例如,在《力和机械》一课中,为突出"使用简单机械可以省力或提供方便"这一教学重点,W 老师首先利用"赛·课堂"搭建"设计支架"和"数据支架",引导学生以滑轮为研究对象,通过实验探究形成"使用定滑轮可以改变用力方向,使用动滑轮可以省力"的结论。在此基础上,利用"赛·课堂"搭建"阅读支架",课堂上下发融合图文、视频的电子阅读任务单(图 3-3-6),引导学生结合生活实际,带着问题阅读,通过圈画等方式,说出"轮轴、杠杆、斜面等和滑轮一样都是简单机械,使用简单机械可以省力或提供方便,生活中的复杂机械都是由简单机械组成的"结论。由此,教学重点得以突出,学生的科学认识得以完善。

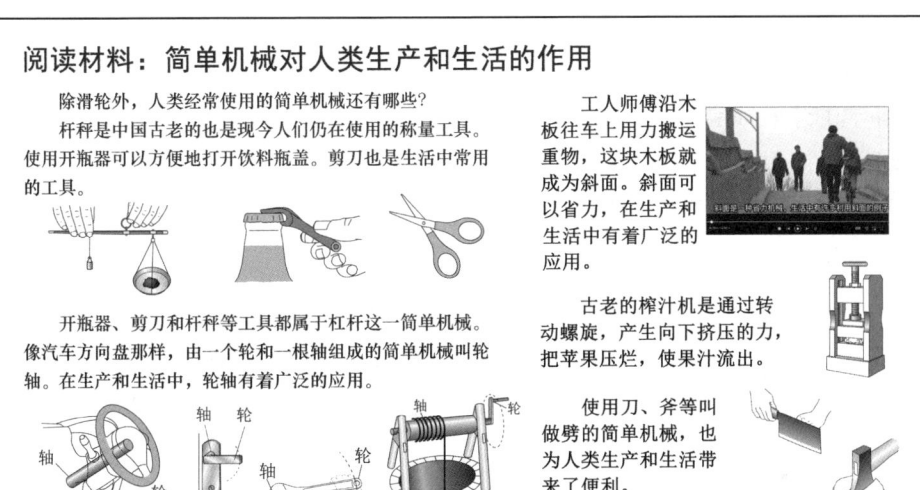

图 3-3-6　学生端"简单机械的作用"阅读资料界面

又如,沪科教版《自然》四年级第一学期《回声》一课的教学重点是"回声产生的条件"。为突出教学重点,G 老师首先利用"赛·课堂"搭建"设计支架"和"数据支架",引导学生通过实验探究形成"声音遇到障碍物会发生反射"的结论。在此基础上,利用"赛·课堂"搭建"阅读支架",在课堂上下发电子阅读任务单(图 3-3-7),引导学生结合实验事实和生活经验,带着问题阅读,认识人耳听到回声的条件。由此,学生完善了对回声产生条件的认识,教学重点得以突出。

通过"阅读支架",引导学生自主获取有用信息,分析证据和形成结论,学生的证据意识进一步得以强化,同时提升了学生自主学习和处理信息的能力。

> **读一读，想一想：人耳听到回声需要什么条件？**
>
> 声音在空气中的传播速度约为340米/秒。科学家发现，人耳能分辨前后两次声音的时间间隔要大于0.1秒，即声源到障碍物的距离至少要17米，我们才能把回声和原声区分开来。
>
> 如果障碍物离人较近，声音很快被反射回来，人耳就无法区分回声和原声，但会觉得声音更响亮或延长了。

图3-3-7 学生端"人耳听到回声需要什么条件"阅读资料界面

4. 为学生进行知识应用而"埋点"

现在的科学课堂大多以"情境—活动"教学模式展开，借助情境引发问题，引导学生开展科学探究活动来形成新知，最后通过应用知识的活动来巩固新知。教师可以使用"阅读支架"，向学生提供应用课堂所学解决实际问题所需的信息，引导学生通过自主阅读获取信息，解释生产和生活中的相关问题，以达成巩固新知的目的。

例如，在自创课《光的反射①》中，学生通过实验探究形成"光射到物体表面时会发生反射现象""不同物体表面反射光的本领不同"两个结论。在知识应用环节，Z老师利用"赛·课堂"搭建"阅读支架"，在课堂上下发电子阅读任务单（图3-3-8），引导学生利用课堂所学，在学生端平板电脑上带着问题阅读和作出选择，认识光的反射现象在生产和生活中利用与防止的实例。在Z老师利

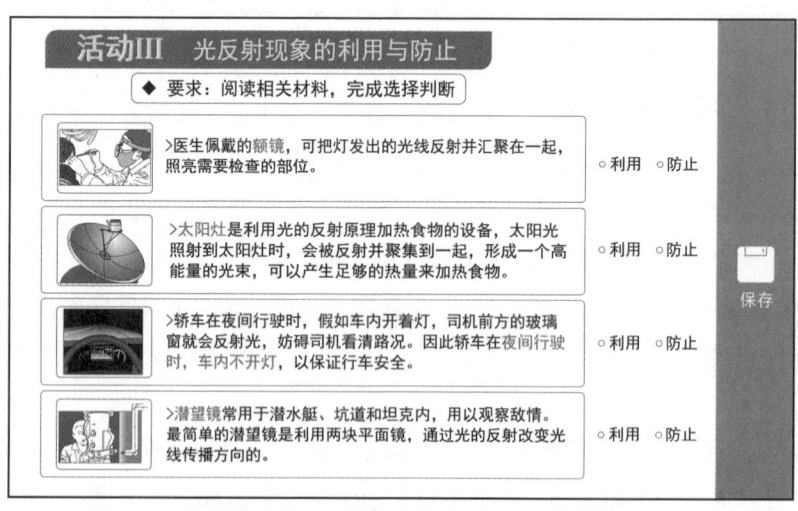

图3-3-8 学生端"光反射现象的利用与防止"阅读资料界面

用"赛·课堂"搭建的"数据支架"支持下,学生完成选择判断的情况在教师端和教室端上实时呈现(图3-3-9),基于此,教师可以及时分析学生课堂学习的情况,引导学生表达所思所想,从而提升课堂教学调控的有效性。

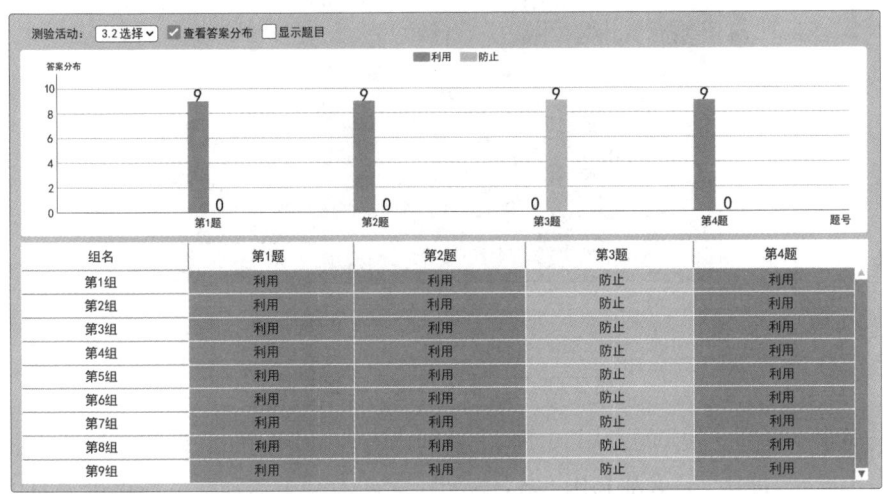

图3-3-9　学生小组阅读、选择结果汇总界面

又如,《斜面》一课中,在认识了斜面及其作用后,围绕在实际选择搬运方案时遇到的困难,引发学生思考斜面设计要考虑实际情况。L老师利用"赛·课堂"搭建"阅读支架"(图3-3-10)和"设计支架"(图3-3-11),引导学生通过阅读,模仿南浦大桥浦东、浦西两侧引桥和无障碍通道进行斜面设计,知道变形的斜面能省更多的力,感受斜面设计需要因地制宜和创新,感悟简单机械对人类生产和

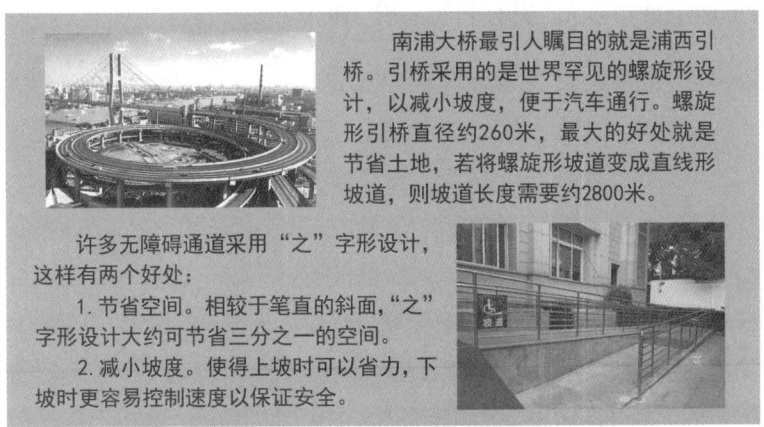

图3-3-10　学生端设计斜面前的阅读资料界面

生活的重要性。

图 3-3-11　学生端设计斜面界面

对于"阅读支架"的作用和使用，教师已有较为深刻的认识和实践能力。如在《斜面》一课中，L 老师利用"赛·课堂"，在所有学生活动环节都提供了对应的多媒体阅读资料，指引学习方向。学生不仅可以根据个人情况调节阅读自学的进度，还能通过对视频中相关事物的近距离观察和对文本资料的标注圈画，提升科学阅读学习能力。

教师利用"赛·课堂"的功能，在备课时提前"埋点"，搭建各种巧妙的"阅读支架"，助推课堂学习活动的改进。有了"阅读支架"，学生在科学探究实践中，学习输入更加丰富与多元，更有利于实现"做中学"。

第四节 因埋而新

一、图说：组合式支架之过程评价支架

如图 3-4-1 所示，利用"赛·课堂"中的"学生自评""学生互评""教师评价""课堂评价汇总""单元评价汇总""探究实践报告"等评价功能，教师在备课时可以结合教学内容，为课堂学习活动建构数字化的"学生学习评价单""教师课堂评价栏""学生探究实践报告"，用于课堂情境创设、学生新知形成、应用新知和课堂小结等课堂教学环节之中。这一"过程评价支架"为学生态度责任和自我调控能力培育而"埋点"。

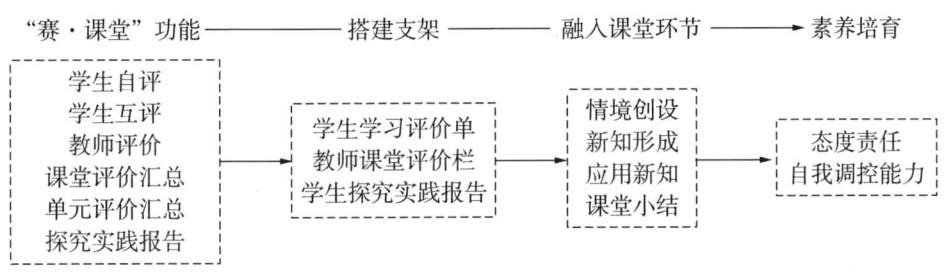

图 3-4-1 过程评价支架的搭建与功效

借助"过程评价支架"，把活动任务单中的评价板块数字化，形成"学生学习评价单"，学生只需判断和点击等，即可完成评价结果的记录。学生活动前先阅读"学生学习评价单"，明确活动的要求，在评价单的指引下开展活动，在完成活动后根据活动表现完成评价，反馈活动情况。同时，教师在巡视与指导时可以在"教师课堂评价栏"随时点评，给予过程性评价。课的最后，教师下发利用"探究实践报告"功能汇总形成的"学生探究实践报告"（可以根据课型称为"探究活动报告"或"工程实践日志"），供学生在学生端阅读，评价与反思课堂学习的情况。通过"过程评价支架"，在发挥教学评价激励、诊断功能的同时，更好地促进课堂学习活动的开展。

小学科学课堂的教学评价"因埋而新"。

二、细议：过程评价支架的主要作用和"埋点"操作

在利用"赛·课堂"备课时，教师可以有效地使用其评价的各项功能，搭建新颖的学习支架，通过学习评价为学生完成探究实践各项活动提供指引，充分发挥评价促进学习的功能，助推课堂学习活动的改进。

（一）支架的主要作用

美国学者格兰特·威金斯（G. Wiggins）说过，教师在课堂上要花费三分之一至二分之一的专业时间用于与评价相关的活动。学习评价应成为课堂教学不可分割的一部分，同时可以丰富课堂教学。

评价作为学生探究实践的引导与反馈，可以给予学生引导和指导。"过程评价支架"的主要作用便是伴随学生探究实践的全过程，更好地促进学生学习。"过程评价支架"可以引导教师充分发挥学习评价"上接学习目标，紧贴重点活动，贯穿学习过程，指引活动规划，发展自我调控能力"的作用，以体现其对课堂学习活动质量的保障。

在"赛·课堂"的支持下，教师以课程标准为依据，校本化设计学生科学学习评价体系和教师课堂评价框架，精心设计与单元学习评价维度和内容呼应的学习评价单，借助各种表现性任务，引导学生评价自己在完成任务过程中的表现，并作出恰当的教师评价，及时提供有价值的反馈，课堂学习活动得以有效实施。

"赛·课堂"助力教师突出单元视角，更好地为单元学习评价服务，进一步保证学习评价制订、实施、反馈等环节的完备和有效，课堂中学生自主、合作、探究学习的时空不断丰富。多元评价逐渐替代原本只有师评的课堂。

（二）埋点操作举隅

1. 为学生开展自主学习而"埋点"

评价的核心功能是促进学习，课堂学习活动融入学习评价可以使学生明确活动要求和承担更多责任，同时利于自我调控能力的提升。在课堂学习活动开展前，通过学习评价使学生明确活动要求，承担更多责任；在课堂学习活动过程中，通过学习评价激励学生活动；在课堂学习活动结束后，通过学习评价引导学生反

思学习过程。在"赛·课堂"的支持下,课堂学习活动的学生自我评价变得更便捷,评价要求更清晰,评价过程更可视,评价反馈更便捷,学生评价的时空也更丰富。

例如,在《奇妙的壳》一课的"比较蛋壳在不同方向上的承重本领"活动中,除了"设计支架""数据支架"外,Z老师还利用"赛·课堂"搭建了"评价支架",即数字化的学习评价单。参考包含"知识""实践""技能""表达""情感"五个维度的校本评价体系[①],本活动的学习评价单选取"实践""技能""表达"三个评价维度,具体描述学生活动的要点(图3-4-2)。

评价维度	活动要求	达成情况
实践	1. 说出实验器材的作用,完成装置的设计	★
	2. 规范操作,如实记录实验现象和结果	★
技能	能通过现象和数据的分析得出结论	★
表达	1. 小组成员积极分享实验的发现	★
	2. 小组代表发言声音响亮,条理清晰	★

图3-4-2 "比较蛋壳在不同方向上的承重本领"学习评价单

学生在活动前先阅读评价单,明确以下主要活动要求:实验前,需明确实验器材的作用,完成装置的设计;实验中,需要规范操作,如实记录实验现象和结果,并通过对现象和数据的分析得出结论;另外,还需要小组合作探究,适时有效分享。在学生完成活动后,评价单成为学生评价小组活动完成情况的依据和标准,学生要根据小组活动表现如实评价。

在学生活动过程中,Z老师巡视时可以在教师端对学生的活动情况作出点评,针对全班所有学生、相关小组和学生个体,结合同样的评价维度给予过程性的实时评价,其评价结果可以在教室端电子大屏幕上呈现。教师端的评价界面如图3-4-3所示。

---

① 该评价体系由上海市徐汇区徐汇实验小学自然教研组设计。

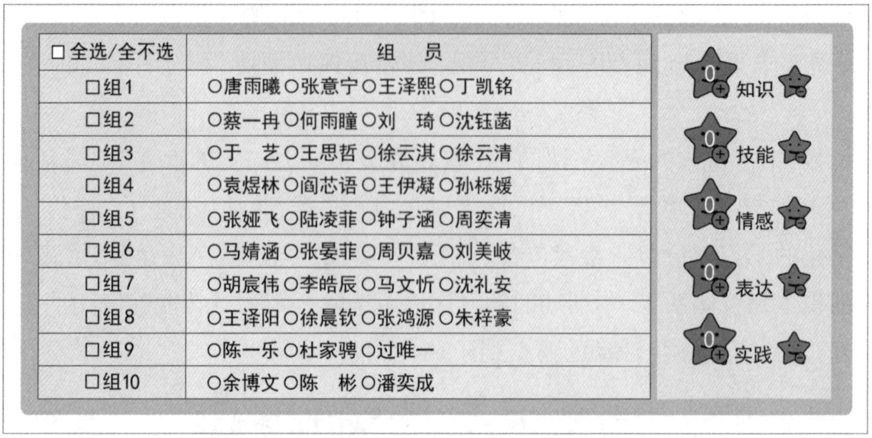

□全选/全不选	组　员
□组1	○唐雨曦 ○张意宁 ○王泽熙 ○丁凯铭
□组2	○蔡一冉 ○何雨瞳 ○刘　琦 ○沈钰菡
□组3	○于　艺 ○王思哲 ○徐云淇 ○徐云清
□组4	○袁煜林 ○阎芯语 ○王伊凝 ○孙栎媛
□组5	○张娅飞 ○陆凌菲 ○钟子涵 ○周奕清
□组6	○马婧涵 ○张晏菲 ○周贝嘉 ○刘美岐
□组7	○胡宸伟 ○李皓辰 ○马文忻 ○沈礼安
□组8	○王译阳 ○徐晨钦 ○张鸿源 ○朱梓豪
□组9	○陈一乐 ○杜家骋 ○过唯一
□组10	○余博文 ○陈　彬 ○潘奕成

评价维度：知识、技能、情感、表达、实践

图 3-4-3 《奇妙的壳》一课的教师评价界面

在学生完成活动后，教师借助系统实时生成的小组评价和教师评价结果汇总反馈整个活动情况，引导学生开展活动反思。教学评价在发挥激励、诊断功能的同时，更好地促进课堂学习活动的开展。

2014 年起，上海小学科学学科开展"基于课程标准的教学与评价"项目研究。发挥评价促进学习的功能，设计与学生课堂学习活动过程融为一体的学习评价，已成为教学常态。《义务教育科学课程标准（2022 年版）》（以下简称《课程标准》）颁布后，为更好地在课堂学习活动中落实学生核心素养的培育，教师在设计学习评价时尝试将核心素养的四个方面作为评价维度。

例如，在《光的反射①》一课中，Z 老师围绕"认识光的反射现象"和"探究不同物体表面反射光的本领大小"两个核心活动，以科学课程核心素养的四个方面作为评价维度，利用"赛·课堂"搭建了学习评价单（图 3-4-4），将两个活动中的关键和重点与核心素养进行关联，使核心素养的培育更为清晰：在"认识光的反射现象"活动中，模型建构与结论得出是活动的关键；在"探究不同物体表面反射光的本领大小"活动中，作出猜想、分析归纳、规范操作与合作实验是活动的重点。将活动关键与重点要求作为评价要求，引导学生自主完成活动并评价活动的达成情况，体现了评价促进学习的作用。

学习评价已成为上海小学科学课堂教学不可分割的一部分，令教学变得更为丰富和有效。利用"赛·课堂"可以搭建学生学习活动的"过程评价支架"，通过学生的自我评价，促进学生自主完成课堂活动。"过程评价支架"已成为科学学科

评价维度	活动要求	达成情况	评价维度	活动要求	达成情况
科学思维	根据猜想，搭建模型，拍摄照片	★	科学思维	积极讨论，作出猜想	★
				分析现象，得出结论	★
探究实践	对比猜想，分析现象，得出结论	★	探究实践	规范操作，科学实验	★
			态度责任	合理分工，善于合作	★

图 3-4-4 《光的反射①》一课的课堂学习评价单

教师最常用的一个学习支架。

2. 为学生开展深度学习而"埋点"

学习评价不仅仅是对学生学习成果的一次性、静态的评估，更应该是一个丰富、完整、立体和多元的过程。在教学过程中，对学生学习进行持续、及时、全面、客观的评价和反馈，可以促进学生的深度学习。

例如，自创课《我们的仿生创想②》主要运用所学知识解释仿生机器人创想的设计，展示学生完成《生物的启示》单元大任务的情况。在教学时，Y老师首先以数字故事引入，引导学生回顾单元学习内容。在本节课第一个学习活动"创想发布会"中，引导学生按参观路线的指引（图3-4-5），以小组为单位分区域参观其他小组的仿生机器人创想。

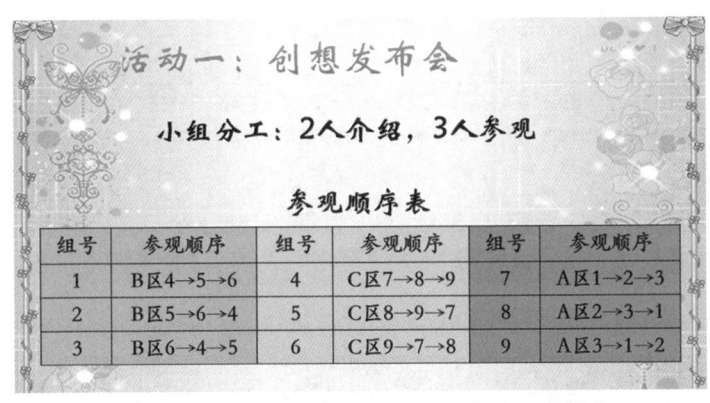

图 3-4-5 "创想发布会"活动要求与参观顺序表

Y老师利用"赛·课堂"搭建了学习评价单（图3-4-6），通过评价单的引导，各小组成员有的负责介绍仿生机器人的名称、用途和功能，有的负责参观其他小组的创想并进行客观、公正的评价。

评价内容	评价维度	具体要求	达成情况
明确任务	知识	明确仿生机器人的应用场景	★
联想构思	知识	联想生物的特点，使机器人具有一定的功能，可以解决实际问题	★
绘制草图	技能	设计图整洁、美观	★
		能用简单文字描述仿生机器人的特点	★
编写说明	技能	仿生创想有名称、功能、用途的描述	★
展示交流	表达	条理清晰，语言简洁	★
		交流形式具有创意性	★
	情感	小组成员分工合作	★

图 3-4-6 "创想发布会"活动学生学习评价单

在参观完本区域各小组的仿生创想后，借助"赛·课堂"，学生从知识、技能、表达和情感等维度，对各展示小组进行实时评价，依据系统实时生成的汇总结果（图 3-4-7），评选出"区域最佳小组设计"。例如，A 区域中的组 1、组 2、组 3 获得的评分（组 7、组 8、组 9 所作评价的平均分）分别为 6 分、7 分和 6.7 分（见星星旁的数字），那么，组 2 获评"区域最佳小组"。

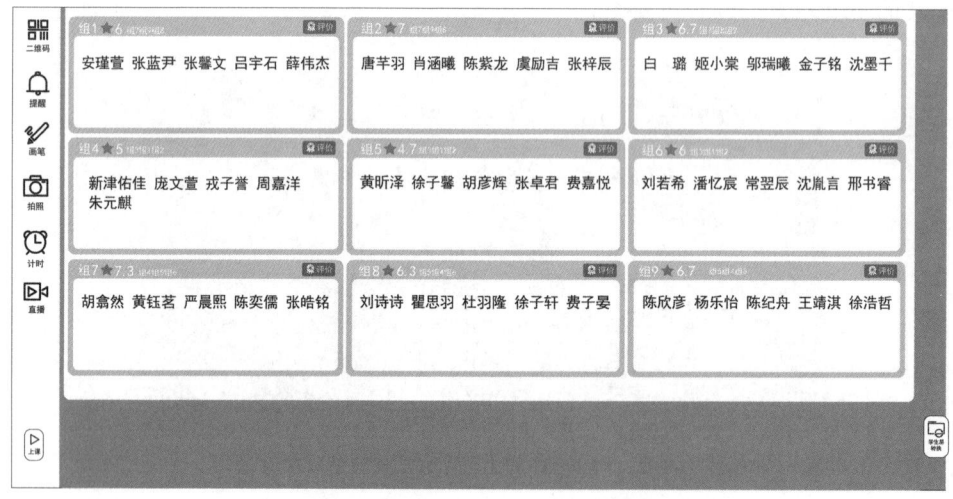

图 3-4-7 "创想发布会"活动学生互评结果

之后，"区域最佳小组"向全班交流分享仿生机器人创想的设计原理，Y 老师重点引导学生对同伴的交流作出有针对性的点评，说出评价的理由和依据，提高学生的表达能力。在"赛·课堂"的评价支架支持下，师生共同高质量完成了"创想发布会"。

本节课的第二个学习活动是学生通过"单元评价汇总交流"查看小组在本单元学习后的学习表现，明确今后的努力方向（具体的设计思路和实施过程见下一部分）。可以说，本节课是一节学习评价贯穿始终的课，拥有丰富、完整、立体和多元的评价，突出过程，体现进展，促进学生的深度学习。

利用"赛·课堂"搭建评价支架，可以充分发挥评价促进学习的功能。"过程评价支架"能否取得成效，既要看评价目标、评价内容的设计，也要看课堂评价的实施情况，还看教师对于学习评价成效的反思。

3. 为学生开展课堂学习反思而"埋点"

小学科学教学数字化突出以单元为单位，整体实施教学与评价。有了数字化教学系统，借助系统搭建"过程评价支架"，可以更好地促进学生对一个学习活动、一节课、一个单元的学习反思，助力学生自我反思与自我调控能力的提升。

例如，在某个学习活动结束后，教师可以点击教师端时间轴上的"评价汇总"，此时教室端电子大屏幕上会实时呈现该活动学生评价和教师评价的汇总界面（图 3-4-8）。

组别	学生评价		教师评价	合计
	学生自评			
	学生自评①	学生自评②		
组1	★×3	★×0	★×2	★×5
组2	★×3	★×0	★×1	★×4
组3	★×3	★×0	★×2	★×5
组4	★×2	★×0	★×1	★×3
组5	★×3	★×0	★×1	★×4
组6	★×3	★×0	★×1	★×4
组7	★×2	★×0	★×2	★×4
组8	★×3	★×0	★×1	★×4
组9	★×2	★×0	★×2	★×4
组10	★×3	★×0	★×1	★×4

图 3-4-8 某个学习活动结束后利用系统呈现的评价汇总界面

借助评价结果汇总界面，教师可以请学生小结自己在活动中的表现，肯定学生的进步并指出改进的方向；学生也可以通过对汇总界面的分析看到自己的努力方向，为后续活动积累能量。

此外，评价结果汇总界面也可以作为课堂小结的一个有机组成部分，在一节课结束之前呈现。

例如，某节课有三个学习活动，J老师为每个学习活动设计了学习评价单，引导学生开展学习活动并作出自我评价。在课堂小结时，J老师呈现了课堂学习评价汇总结果（图3-4-9），引导学生交流课堂表现，对自己的优势和不足进行分析。这样的课堂小结使学生的学习反思变得更为全面和有效。

组别	学生评价			教师评价	合计
	学生自评				
	自评①	自评②	自评③		
组1	★×1	★×3	★×3	★×4	★×11
组2	★×1	★×3	★×0	★×3	★×7
组3	★×1	★×3	★×3	★×4	★×11
组4	★×1	★×3	★×3	★×6	★×13
组5	★×0	★×3	★×3	★×3	★×9
组6	★×1	★×3	★×3	★×3	★×10
组7	★×1	★×3	★×0	★×3	★×7
组8	★×1	★×3	★×3	★×3	★×10
组9	★×0	★×3	★×0	★×4	★×7

图3-4-9　某节课结束时的学习评价汇总界面

在科学课堂中，学生经历提出问题或提出任务、制订计划、实施方案、获得证据或形成初步作品、分析证据或改进设计和进行表达交流或展示等探究实践的过程。具体实施时，探究实践过程中的各个步骤往往处于相互割裂的状态，一个紧接着一个，课堂小结也往往只是以语言交流主要收获。如果除了课堂学习评价结果汇总界面外，能提供给学生一份完整的、含有各类活动数据、课堂即时生成的探究实践报告，学生就可以对课堂学习形成较为整体的认识和把握，更有依据地进行课堂学习的整体评价与实践反思，为后续科学学习及个人发展提供更为清晰的操作点。"赛·课堂"按以上思路设置了"探究实践报告"功能，可以将一节课上学生完成的所有电子活动任务单按所选择的模块实时组合，汇总成个性化的课堂探究实践活动报告，学生在学生端平板电脑上即可阅读、评价与反思。

例如，在《斜面》一课的最后，H老师利用系统将课堂教学各个环节中生成的学生活动数据汇总，自动生成该课的探究活动报告（图3-4-10），提供给学生。课堂上，学生阅读系统提供的个性化探究活动报告，结合自己的课堂学习表现，反思自己在学习过程中的主要收获与改进方向。

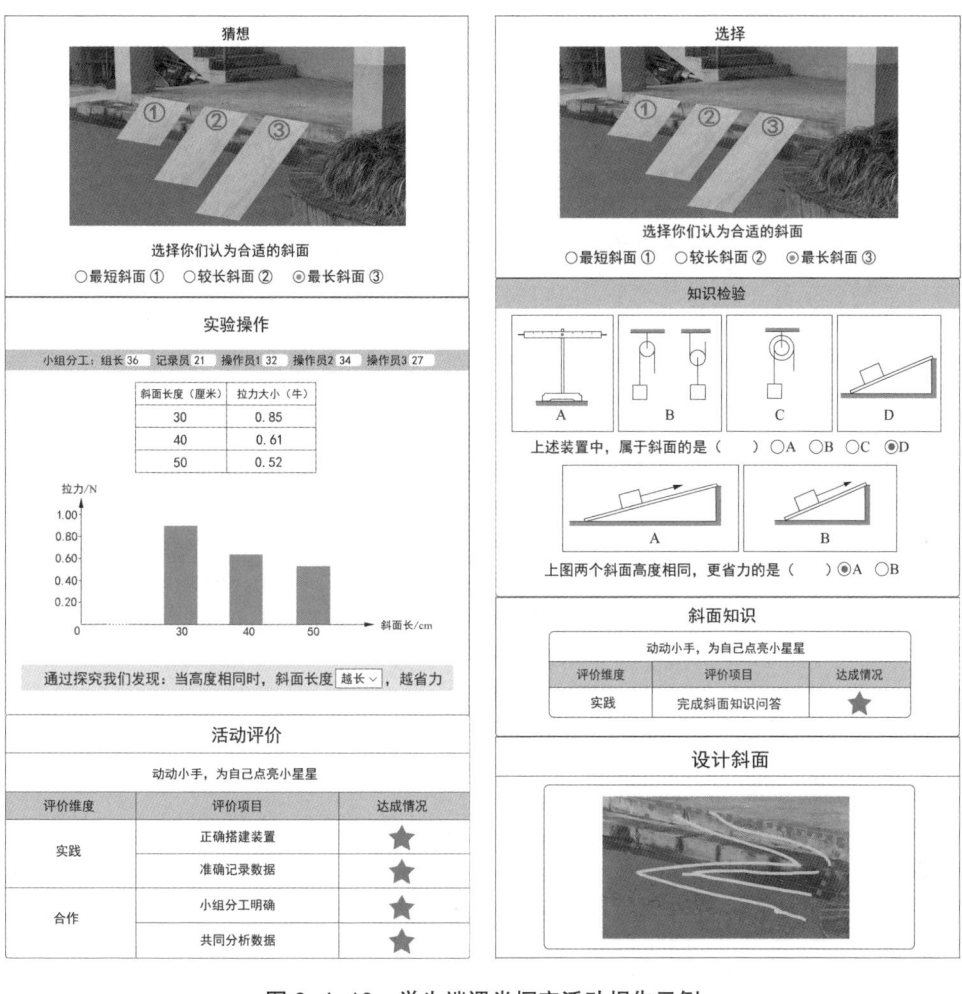

图 3-4-10　学生端课堂探究活动报告示例

在系统"探究实践报告"功能的支持下，教师可以通过"埋点"实时生成学生课堂探究实践活动报告，用于学生的课堂小结环节。利用数字化教学系统内实时生成的活动报告，学生可以对整节课的学习作整体反思，对自己和小组的学习表现有更全面和客观的评价，也可以对学习内容有更结构化的认识。同时，这样的课堂小结是数字化课堂中的教学新样态，更有利于学生自我调控能力的提升。

有了数字化教学系统，每一节课的学习评价结果都会留存。在单元学习的最后，学生评价结果适时反馈就成为当然和必然，课堂教学也有了更为清晰的单元视角。

例如，在某单元最后一课的最后环节，学生登录系统，可以看到自己本单元学习评价结果汇总雷达图（图 3-4-11），了解自己在"知识""技能""实践""表达""情感"等学校校本化评价体系五个维度方面的表现[①]。从该图可以看出，学生 1 的个人评价五个维度得分均超过班级平均分，整体上接近班级最高分，表现优秀；学生 2 的个人评价大多低于班级平均分，尚需努力；学生 3 的个人评价，"知识""技能""实践"维度达到班级最高分，而"表达"和"情感"维度分别为班级平均分及低于班级平均分，说明这两个维度尚有提升的空间。

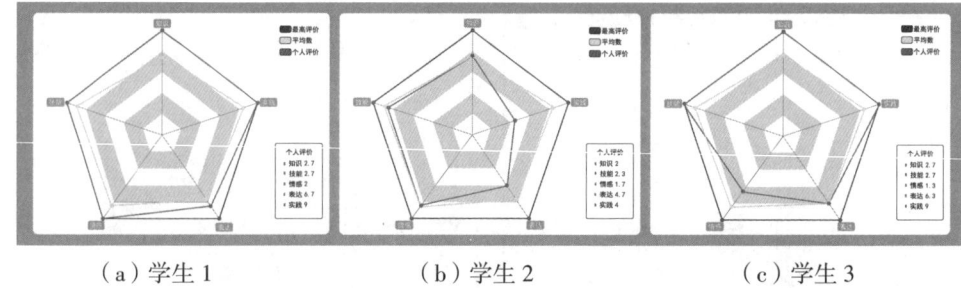

（a）学生 1　　　　　（b）学生 2　　　　　（c）学生 3

图 3-4-11　学生端单元学习评价结果汇总雷达图示例

学生作为评价结果的使用者和评价信息的"消费者"，在完成本单元学习后收到单元综合学习评价的反馈。在查看的同时，学生主动总结单元学习的收获，养成反思与改进学习的习惯，体会团队协作的意义与价值，明确今后的努力方向。

单元学习评价结果汇总雷达图是"赛·课堂"通用功能之一，已被越来越多的学校和教师使用。如何将单元学习评价结果汇总雷达图演变为学期、学年和学段科学学习评价结果，值得进一步研究与实践。

教师利用"赛·课堂"的功能，在备课时提前"埋点"，搭建各种巧妙的"评价支架"，助推课堂学习活动的改进。有了"过程评价支架"，师生评价融于课堂活动的全过程，评价时空得以丰富，评价能更好地促进学生学习。

---

① 该评价体系示例由上海市徐汇区徐汇实验小学自然教研组设计。

第四章
教学数字化：变革与提升

"赛·课堂"教学系统作为一个供科学学科专用的数字化信息控制系统，因其数字技术的应用，引起课堂教学手段与技术发生变革，不但引发了科学学习输入方式的变革，而且丰富了科学学习的输出，更好地促进了教师教学、学生学习和环境支持的共融共生，推动教学主体走向学生中心。

使用"赛·课堂"创建数字化课堂的同时，带来上海小学科学课堂教学设计的变化，在优化调整后的课堂教学设计规格的指引下，学科教师有了更多为课堂生成和互动"埋点"的意识与行动，有了更多为学生核心素养培育赋能的责任与实践。由此，涌现出体现科学教育质量提升的众多课堂教学实施案例和学校整体推进案例。

第一节 因融而变

一、图说:"赛·课堂"引发教学终端的变化

无论是过去的传统教学和多媒体教学阶段,还是已经到来的教学数字化阶段,课堂上都存在教师端、教室端和学生端这"三端"。时代不同,教学终端的样态不同。传统教学阶段的"三端"由粉笔、黑板、教材构成,多媒体教学阶段的"三端"由电脑、电子大屏幕、教材构成,教学数字化阶段的"三端"由电脑、电子大屏幕、教材+平板电脑构成(图4-1-1)。

图 4-1-1　技术的变化带来课堂教学终端的变化

电脑和电子大屏幕的内涵在教学数字化阶段与多媒体教学阶段不同。教学数字化阶段,教师备课时可以在台式电脑和笔记本电脑上利用数字化教学系统,在课堂教学设计的基础上制作数字课件,为课堂互动和生成而精心"埋点";在课堂教学时,与过去使用教室电脑不同,教师使用教师端平板电脑,可以灵活运用课堂生成的即时数据调控教学,也可以实时评价学生的课堂表现。教学数字化阶段,电子大屏幕的功能得到更好的发挥,成为师生互动的数据通道。

教学数字化阶段,最明显的变化在于学生端。平板电脑成为学生学习的关键,成为教师备课时谋划的关键,成为教师教学、学生学习和环境支持共融共生的关键。在课堂上,学生的学习输入方式正在发生变革,课堂的学习输出变得更加丰富。

有教师担心,课堂使用平板电脑将会影响学生的视力。确实,如果长时间连续使用平板电脑,可能会影响视力。然而,科学课堂上,学生以自主或合作方式

开展探究与实践的时间约占总时长的三分之一；在教学数字化的科学课堂，学生使用平板电脑的时间并不是连续的，每一次使用时并不是长时间地盯着平板电脑，因此并不会对视力产生十分显著的影响。

学生端平板电脑的使用，科学教学中的学生立场更加明确和凸显，与学生的真实生活世界联系更加紧密，原有的课堂样态正在动摇，迎来了课堂教学的新样态。

教师端、教室端和学生端这三个教学终端的变革，使课堂教学进入了"人机协同"时代。

二、细议：数字技术推动教学主体走向学生中心

平板电脑与教材共同作为学生端，是教学数字化阶段带来的最大变化，也是课堂教学新样态中最明显的一个方面。学生端的变革引发了教师教学行为的变化，促进了学生个性化学习的开展，也带来了教学环境的变革，数字技术推动教学主体走向学生中心。

（一）数字技术引发教学行为的变化

在教学数字化的研究与实践中，可以深切感受到数字化转型中教师教学行为的变化。

基于"赛·课堂"，教师会更主动地思考如何搭建"组合式学习支架"，丰富学生端的学习输入和教师端、教室端的学习输出，为学生的学习提供更多的支持和引导。这样的变化，体现出教师的教学理念从"以教为中心"转变为"以学为中心"的自觉行为。在备课和授课时，教师主动将教学的重点转向学生的"学"，利用数字技术引导学生从知识的被动接受者转变为学习内容的主动建构者；教师则主动从知识传授者转变为学习的引导者、启发者和辅助者。在数字技术的支持和数字课件的引导下，师生共同开展探究与实践学习，实现对学习内容的主动建构和深层次理解。

除了教学理念的变化，教师角色也发生了明显的变化。目前阶段可以利用的数字化课程资源数量较少，为实施教学数字化，教师必须基于"赛·课堂"自主编制数字课件，建设数字资源。由此，教师从课程执行者发展为课程开发者，从个

体劳动为主发展到团队合作。在"赛·课堂"的"教师社区"中，有系统提供的数字化课程资源，教师可以直接使用或修改后使用，但更为重要的是教师分享自己编制的数字化课程资源，利用共享方式丰富社区资源。

另外，教学数字化还带来教师知识结构的变化，从掌握学科知识和教学知识发展为学科知识、教学知识和技术知识三位一体。懂得技术知识的教师知道怎样的数字技术可以为教学所用，可以预估使用数字技术后教学可能发生怎样的变化。懂得技术知识的教师具有数字素养，在教学数字化进程中，这样的教师最受欢迎，也最能体现教学数字化的理念。

教学理念、教师角色和知识结构的变化最终可以带来教师教学设计的变化。基于数字资源、技术和空间的开发与运用，教师主动将核心素养培育融入问题、任务和活动之中，引导学生在解决问题的过程中学习，课堂教学新样态得以建构。这样的教学设计会使教学设计由以知识理解为主要特征发展为以问题解决为主要特征。

可以说，数字技术可以引发教师教学行为的自觉变化，促进教学主体走向学生中心。

（二）数字技术支持个性化自主学习

数字技术带来教师教学行为的自觉变革，为学生的个性化自主学习带来了无限可能。

基于"赛·课堂"，学生有了新的学习方式。基于平板电脑，学生输入学习过程与信息，系统汇总全班学习过程信息并反馈学生课堂表现。学生角色发生了变化，学习主动性有了明显提升，实现从被动学习向主动学习转变，由独立学习向团队合作学习转变。

除了学生角色的变化，教学数字化还带来学生学习深度的变化。数字技术提升课程资源的丰富性和适切性，促使学生由主要学习教材知识向以教材为基础的学科知识和实践知识学习转变，由浅表性学习向深度学习转变。例如，运用"赛·课堂"精心搭建"组合式学习支架"，能为学生提供全面而多样化的学习辅助，以及高度个性化的学习路径。将"组合式学习支架"融合使用，可以建构一个协同作用的学习支架体系。通过综合运用支架，可以更全面地满足学生需求，支持学生主动建构知识，更精准地适应核心素养导向的教学要求，真正实现深度学习。

另外，数字技术也为学生学习提供了更清晰的单元视角。基于单元的学习，学习的自觉性、计划性和有效性得以增强，学习范式具有更高的质量。

可以说，数字技术带来了科学教育新的学习范式，促进教学主体走向学生中心。

（三）数字技术引发教学环境的变革

在教学数字化的研究与实践中，深切感受到数字技术对教学环境变革的影响。

首先是资源的变革。数字技术带来课程资源内容和获取方式的变革——课程资源内容更丰富；资源获取方式超越时间和空间的限制，更加便捷与智能。

其次，数字技术还带来信息技术与学科教学融合深度的变化，从多媒体技术辅助课堂教学发展到数字技术改变课堂教学样态。

数字技术给教学环境带来的变化，最突出的是学习空间的变化。随着数字技术在教育教学各场景中的深度运用，学生学习、生活的实体空间与虚拟空间必将被打通，家庭教育、学校教育和社会教育的结构与关系必将发生变化。

数字技术可以促成环境、教学和评价间的共融，形成以问题解决为主导的教学样态，达到师生共生的目的。

第二节　因融而革

一、图说："赛·课堂"赋能小学科学课堂教学设计

上海中小学课程教学改革的不断深化和发展进一步提升了小学科学教学质量。在核心素养导向的教育改革背景下，积极探索"科学课程与信息技术的深度融合"，以数字技术赋能带动课程资源建设，引发教与学方式的转变，推动小学科学教学变革，成为教学研究的当然与必然。

如何在科学教学中落实核心素养的培育？需要我们在目标、内容、过程和评价等教学设计关键要素上进行重构；对不同层级的课堂教学设计进行调整，优化单元设计、细化课时设计及改进活动设计；我们可以采用"五线并进"学科素养培育操作路径开展教学（图4-2-1）。这样的教学需要聚焦问题解决，凸显数字技术，丰富活动类型。

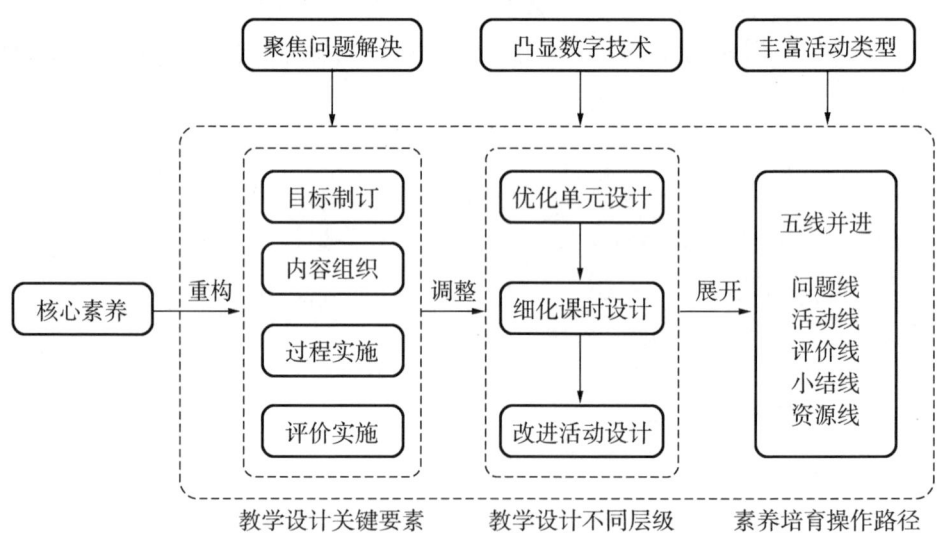

图4-2-1　核心素养导向、数字技术赋能下的小学科学课堂教学设计

科学课程与信息技术的深度融合引发小学科学课堂教学的变革。

二、细议：数字化转型中的小学科学课堂教学设计

在学校教研组实施教学的过程中可以有单元、课时和活动三个层面的教学设计。数字化转型中的小学科学教学需要完善与优化课堂教学设计，基于已有数字教育资源和环境支持，引导广大学科教师探索技术赋能下提升科学学习活动质量的路径、策略与方法，重点从教学的组织方式、认知方式和实践方式等维度入手，进一步变革教与学方式，努力呈现更多以问题解决为特征的科学学习活动，更好地落实科学课程所要培养的核心素养。

（一）优化单元教学设计

1. 单元教学设计的透视

单元是一组先后有序、相互关联的教学内容的组合，是基于学科核心素养及其进阶发展，按照学科知识逻辑结构和学生认知规律，以相关主题与任务为线索的教学结构单位。单元教学设计是以一个单元为整体所展开的一种系统化和科学化的教学设计，具体包括在单元规划和单元教材教法分析的基础上，依据学生的情况和特点，确立单元教学目标，开展单元学习活动设计，设计并实施相应单元作业，形成单元评价并提供配套单元资源的一系列教学设计过程。

《小学自然单元教学设计指南》（以下简称《单元教学设计指南》）指出，单元教学设计有单元教材教法分析、单元教学目标设计、单元学习活动设计、单元作业设计、单元评价设计和单元资源设计等六个要素，它们之间的关系如图4-2-2所示。

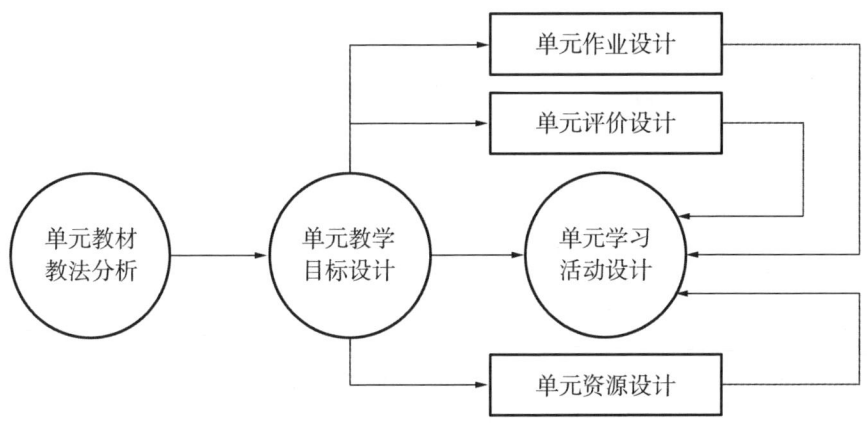

图 4-2-2　单元教学设计六要素关系图

单元教学目标设计需要基于单元教材教法分析展开，单元学习活动设计、单元作业设计、单元评价设计及单元资源设计均需要围绕单元教学目标的落实而展开。同时，单元作业设计、单元评价设计及单元资源设计均须指向单元学习活动，为单元学习活动的开展提供支持。单元教学设计是落实核心素养培育的重要载体，是各级教研活动的主要内容之一，更是小学科学教研组建设的一个重要抓手。

2. 单元教学设计的优化

核心素养导向、数字技术赋能下的单元教学设计必须凸显单元教学的结构化和整体性，逐渐改变课堂教学中存在的偏重碎片化知识点传授、忽略知识之间内在逻辑关系的问题，进一步提升学科课堂教学设计的质量。

"理解为先教学设计模式"（Understanding by Design，简称 UbD）有两大基本思想，即"理解"和"逆向设计"。其中，"理解"是教学和评价的中心，要求能把所学知识迁移到新的环境和挑战中；"逆向设计"指的是在单元教学开始前就明确预期学习结果并且要考虑学习真实发生的证据，旨在规划教学单元，包括预期理解和要求迁移的学业表现任务。

基于"理解""逆向设计"的思想和《单元教学设计指南》提供的单元教学设计规格，在数字技术支持下，我们研发了两个模板工具，以凸显单元视角，架构单元教学设计与课时教学设计之间传递与呼应的通道。单元教学设计要真正落实，必须打通其与课时教学的通道；同样，若能设置从课时向单元呼应的通道，两者的互通才能更好地实现。它们的主要构成与作用如图 4-2-3 所示。

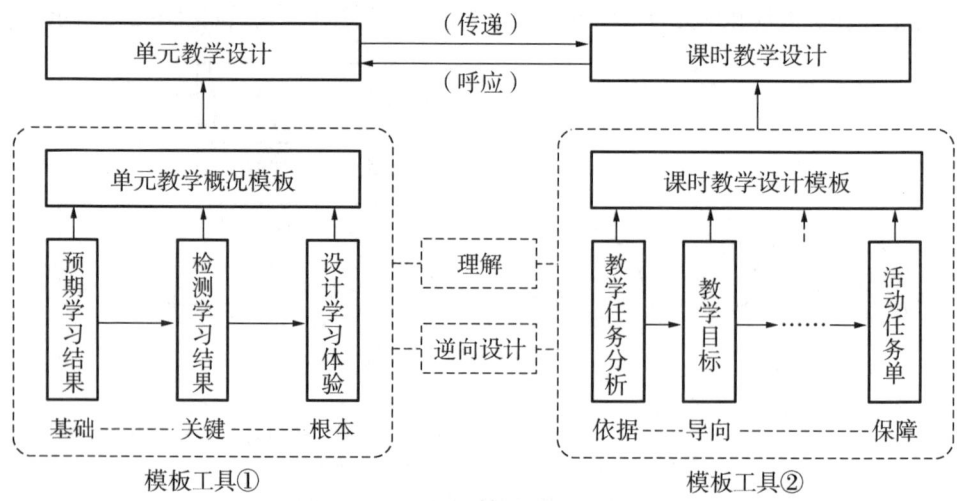

图 4-2-3 单元教学设计和课时教学设计模板工具的主要构成与作用

以下介绍从单元教学设计向课时教学设计传递的通道——模板工具①（从课时教学设计向单元教学设计呼应的通道——模板工具②将在下一部分"（二）细化课时教学设计"中介绍）。

模板工具①"单元教学概况模板"由单元的预期学习结果、检测学习结果和设计学习体验三个方面组成（表4-2-1）。

表4-2-1　单元教学概况模板

单元名称：××××××××××

预期学习结果	
学习内容与具体要求 （课程标准/《教学基本要求》）	基本问题
检测学习结果	
学习大任务	其他学习评价
设计学习体验	
重点学习活动	科学概念

其中，"预期学习结果"呈现单元的学习内容和基本问题，可以厘清学生在单元学习后应该知道什么、理解什么，或者能够做什么，是单元教学的基础；"检测学习结果"呈现围绕知识迁移和应用的学习大任务与其他学习评价（真实性评价任务），可以更好地促进学生理解基本问题，也可以更好地促进学习迁移，是单元教学的关键；"设计学习体验"呈现课时重点学习活动及由此形成的科学概念，可以将单元教学目标合理分解并分配到课时中，是单元教学的根本。

这一模板工具凸显从学习结果开始的"以终为始"（"逆向设计"），有助于教师思考如何确定学生是否已经达到了预期的"理解"。具体的操作要点如下。

（1）研读课程标准，预期单元学习结果

为了完成"预期学习结果"的填写，需要研读《课程标准》和《教学基本要求》，明确单元主题相关的"学习内容与具体要求"。然后，梳理跟内容与要求相关的基本问题，使基本问题成为单元学习的驱动性问题。"预期学习结果"着眼于学生的持久理解，有利于设定层次清晰、有力可行的单元教学目标和选择合适的单元学习内容。

因此，在单元主题确定的前提下，围绕单元主题建构知识结构，形成概念与问题之间的联系，以"预期学习结果"明确单元教学的"终点"，成为单元教学的基础。

（2）确定评价任务，检测单元学习结果

为了完成"检测学习结果"的填写，需要将单元知识与技能进行组合，建构能把所学知识迁移到新的环境和挑战中的单元"学习大任务"。"学习大任务"是"检测学习结果"最核心的部分，可以把单元教学放在一个更大、更连贯、更结构化的课程框架中。除了"学习大任务"这一单元评价的核心外，还要思考单元其他学习评价，考虑评价的维度、方式和反馈等的设计，需要突出与学校的评价体系相融合。

因此，"检测学习结果"通过"学习大任务"及有效的评估证据，展示、反映预期目标的成果，成为用于评价"预期学习结果"是否达成的关键。

（3）思考学习活动，设计单元学习体验

为了完成"设计学习体验"的填写，需要梳理单元学习的整体要求和进程，就是在清晰明确的学习结果和关于"理解"的合适证据后，思考哪些活动可以使学生具备解决"学习大任务"等所需的知识和技能，思考在学习过程中需要哪些材料与资源，思考活动方式是否可以更加丰富和适切等；然后，根据"预期学习结果"，明确活动中需要学习的科学概念；最后，在上述设计的基础上，思考如何在有限的课时内设计最适切的学习活动，实施不同的教学策略，为学生提供必要的学习经历。

因此，"设计学习体验"有助于设计指向学生形成科学认知、应用知识和作出迁移的各课时重点学习活动，成为达成单元教学目标的根本。

【实践案例1】上海市徐汇区徐汇实验小学"《声音与振动》单元教学概况"的编制

2020年7月，上海市徐汇区徐汇实验小学成为"上海市小学教与学方式变革"项目研究学校，基于数字技术，科学教研组确立单元视角下课堂教学设计的研究思路，选择沪科教版《自然》四年级第一学期第八单元《声音与振动》来开展"信息技术背景下，以'问题—任务'形式组织教学内容的实践研究"。在《单元教学设计指南》《单元教学概况模板》和"课时教学设计模板"的支持下，经历了以下校本化实践过程。

首先，教研组将《声音与振动》单元与《教学基本要求》的"学习内容与要求"作对照，进行分析与梳理，完成单元"预期学习结果"（表4-2-2）的填写。对比教材单元的应然目标和学习内容，教研组发现《教学基本要求》中"知道振动快慢的变化会改变声音的高低"这一"学习内容与要求"并未在教材中呈现（因《教学基本要求》的出版晚于教材的出版）。若能呈现这一"学习内容与要求"，学生对于声音的认知就能更全面，对于生活中不同的声音可以有更全面的解释。基于此，教研组打算增加"振动快慢的变化会改变声音的高低"这一学习内容。

表4-2-2 《声音与振动》单元"预期学习结果"

预期学习结果	
学习内容与具体要求 （《教学基本要求》）	基本问题
8.1.1　声音的产生与传播 　　H1　知道物体振动产生声音 　　H2　知道声音需要通过介质传播 　　H3　知道声音遇到障碍物会产生反射	① 声音是如何产生和传播的？ ② 声音的轻响、高低变化与什么有关？ ③ 如何预防噪声污染？

(续表)

学习内容与具体要求 (《教学基本要求》)	基本问题
8.1.2 声音的变化 　H1 知道振动幅度的变化会改变声音的轻响 　H2 知道振动快慢的变化会改变声音的高低 8.1.3 噪声 　H1 知道噪声是一种污染 　H2 说出一些减少噪声的方法	

接着,根据单元的"学习内容与具体要求"和基本问题,教研组开展"检测学习结果"的设计。结合学校已有资源和可以开发的资源,最终确定了"探秘乐器发声的原理"这一"学习大任务"(表4-2-3)。为全面搜集学生单元学习的表现,并用于单元学习后的反馈,教研组还设计了学校评价体系(包含知识、实践、技能、表达和情感五个维度),借助"赛·课堂"数字化教学系统,利用信息技术手段组织学生在课堂上开展具有互动性和即时性的学习评价活动。

表4-2-3 《声音与振动》单元"检测学习结果"

检测学习结果	
学习大任务	其他学习评价
【任务】 探秘乐器发声的原理 【要求】 ① 以小组为单位 ② 选择一种乐器为研究对象 ③ 就研究对象能发出轻响、高低不同声音的原理,利用平板电脑、数字化测量工具等设备开展科学探究 ④ 完成研究报告,并在全班展示与分享 ⑤ 能用选择的乐器弹奏出乐曲(体现与其他学科的融合能力)	【维度】 知识、实践、技能、表达、情感等五个维度 【方式】 学生自评重点学习活动,教师关注学生课堂表现 【反馈】 利用"赛·课堂"反馈学生个体的单元学习结果

有了以上思考,分配课时目标、调整课时学习活动就变得清晰和便捷了。教研组确定了每一课时的学习活动安排与对应形成的科学概念(表4-2-4)。这样,编制"单元教学概况"的第三步也得以完成。

表4-2-4 《声音与振动》单元"设计学习体验"

设计学习体验	
重点学习活动	科学概念
【第一课时】声音的产生 活动①:观察物体发声时的现象 活动②:探究钹发声的原因	① 物体的振动产生声音
【第二课时】声音的传播 活动①:探究声音在固体、液体、气体中的传播 活动②:利用纸筒传声	② 声音需要通过介质传播,声音遇到障碍物会发生反射
【第三课时】不同的声音① 活动①:探究声音的轻响与振动的关系 活动②:认识噪声的危害	③ 振动幅度的变化会改变声音的轻响 ④ 噪声是一种污染
【第四课时】不同的声音② 活动①:探究声音的高低与振动的关系 活动②:认识声音的高低与发声体的结构有关	⑤ 振动快慢的变化会改变声音的高低 ⑥ 声音的高低与发声体的结构有关
【第五课时】探秘乐器发声的原理① 活动:探秘乐器发声的原理	
【第六课时】探秘乐器发声的原理② 活动:小组探秘成果汇报会	

通过编制"单元教学概况",教研组以"问题"为导向确立了预期学习结果,以及用于检测学习结果的"学习大任务"和相应的评价要素,最后对原教材的《声音与振动》单元和《自由探究》两个部分进行了重组,设计了六个课时的学习安排(图4-2-4)。

重组后的单元以"问题—任务"形态为特征开展单元教学,以实现教与学方式的变革。增加第五、第六两个课时,目的是提供给学生更多体验、实验、专题

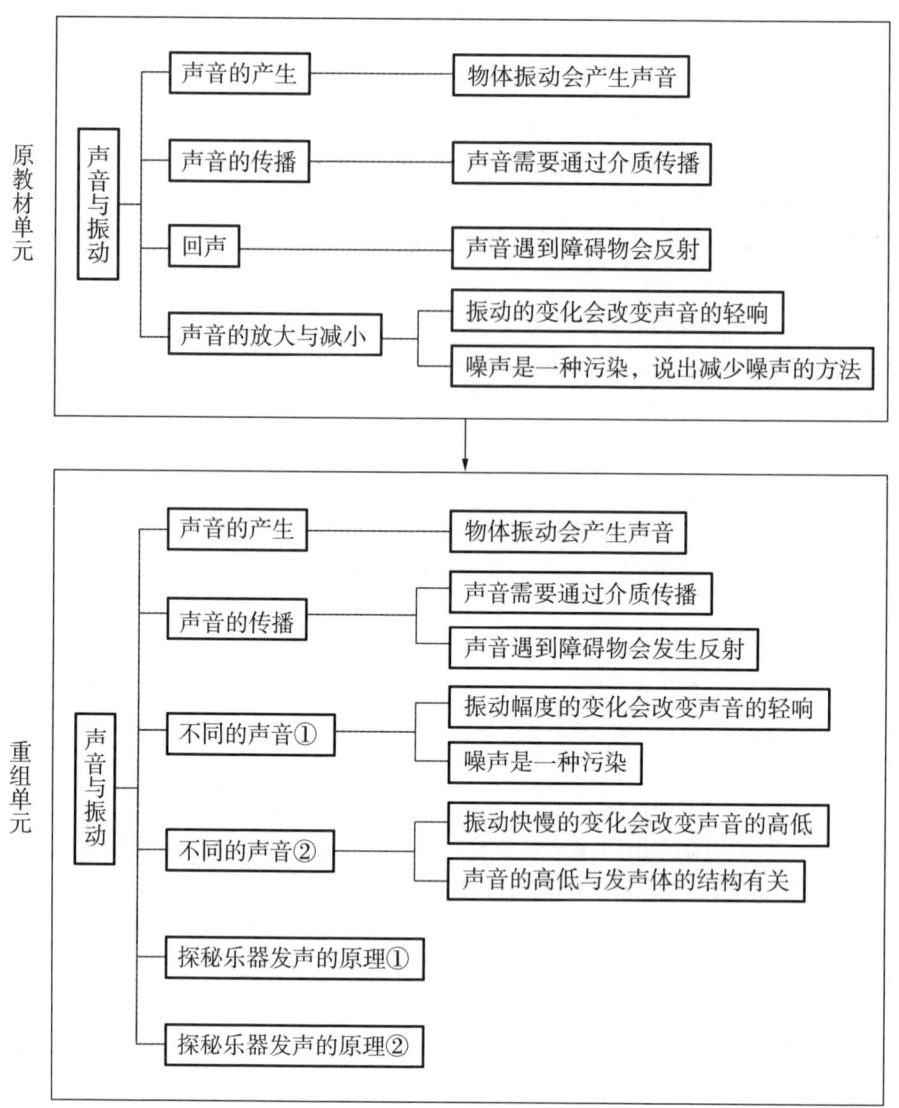

图 4-2-4 单元重组前后的课时安排及习得的科学概念

研究、汇报展示等探究与实践的学习机会,运用本单元所学知识和技能完成单元学习大任务"探秘乐器发声的原理",加深对声音的理解。

有了"单元教学概况模板"后,参考《单元教学设计指南》提供的规格,教研组以单元教学任务分析、单元内容重整、单元教学目标、课时目标,以及能力分配、核心活动教学设计、活动评价表等要素,完成了《声音与振动》单元的教学设计，为教师完成课时教学设计提供保障。

在"单元教学概况模板"的指引和数字技术赋能下，教研组对《声音与振动》单元核心学习活动开发的质量有了提升，注重课与课之间的联系和与教学目标的一致性，活动的类型和表现形式比过去更丰富。特别是学习活动的类型增加了学生小组展示与评议活动，学生实验从原来的定性实验转变为定量实验，学生问题解决能力和表达表现能力均比过去有了提升。

【实践案例2】上海市松江区九亭第四小学"《光》单元教学设计"的编制

2023年9月，为推进小学科学教学数字化，上海市松江区九亭第四小学科学教研组重组沪远东版《自然》四年级第一学期第六单元《光》，开展"数字赋能、指向核心素养培育的单元整体设计与实施"研究。在《单元教学设计指南》和"单元教学概况模板""课时教学设计模板"的支持下，经历了以下校本化实践过程。

在重组单元时，教研组首先优化单元教学设计。在学科原有单元设计规格的基础上，将单元知识与技能进行集成组合，建构能把所学知识迁移到新环境和挑战中的"单元大任务"，并将大任务分解为与学习内容对应的若干个子任务，围绕每项学习内容再设计若干个学习活动，更好地体现模型中的单元视角（图4-2-5）。

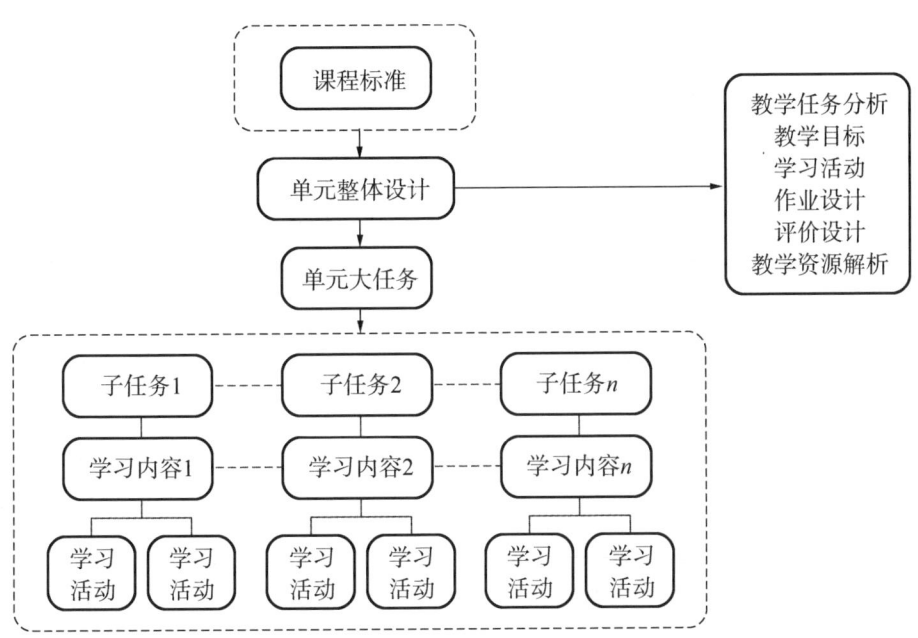

图4-2-5　松江区九亭第四小学科学教研组单元教学设计思路

建构"单元大任务"能有效促使学生把单元所学的知识迁移到新的环境和挑战中，可以把单元教学放在一个更大、更连贯、更结构化的课程框架中。"单元大任务"作为单元评价的核心，反映单元预期目标达成情况。可以将单元知识与技能进行集成组合，分析整体的结构与功能，研究系统、要素之间的相互关系和规律，以实现"整体大于部分之和"，提升教学效益。

《光》单元的"单元大任务"为"揭秘光学小魔术"，分解为6个子任务，对应6项学习内容（表4-2-5）。

表4-2-5 《光》单元大任务、子任务与对应的学习内容

单元大任务	子任务	学习内容	课时安排
揭秘光学小魔术	玩手指灯魔术	光源	1
	认识手影游戏的原理	光的直线传播	1
	揭秘魔术储蓄罐	光的反射	2
	表演"水漫币现"魔术	光的折射	1
	表演水杯魔术	透镜	1
	制作一道彩虹	光的色散	1

有了"单元大任务"和子任务后，教研组规划单元中各课时的教学设计，强化问题、活动、评价、小结和资源"五线并进"（图4-2-6），突出数字化课堂整体化与进程性的特质：围绕课时任务和环节形成问题线，用核心问题引发学生积极思考；根据教学目标、单元大任务、子任务与核心问题，用活动串联学习内容，形成活动线；依据核心素养内涵和学习活动表现，开展学生评价和教师评价，收集和反馈学生学习情况，形成评价线；在问题引领和活动、评价指引下，学生探索新知，丰富知识与优化能力结构，形成小结线；挖掘可利用的数字资源及其他资源，丰富活动形式，促进教学多样化和课堂互动，形成资源线。

五线并进，形成一股教学线。

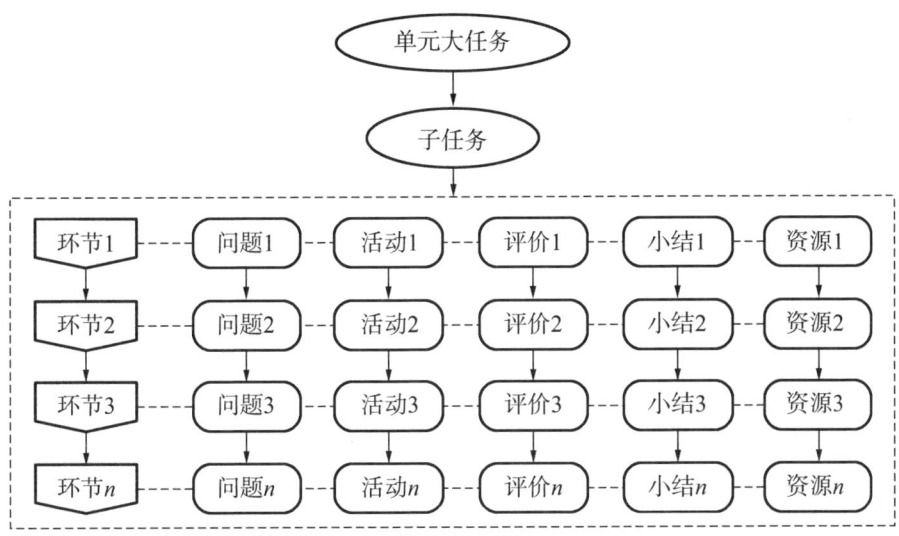

图 4-2-6　五线并进,形成教学线

(二) 细化课时教学设计

1. 课时教学设计的透视

课时又称学时,指一节课的时间。课时的时长因国家、学校和课的类型、学生的年龄不同而有差异。上海的小学课堂,一般一节课为 35 分钟。

课时教学设计是教师运用系统方法,在单元教学设计的引导下,以课时为单位编制教学预案的过程——分析教学现状、确定教学目标、选择策略手段、制订教学流程和评价教学效果,以实现课堂教学最优化。

课时教学设计由课时分析、课时目标、教学策略及其依据、教学过程和评价等要素构成。在撰写课时教学设计时,不同学科的规格体例可能不同,但一般都会有教学任务分析、教学目标、教学重点和难点、教学资源、设计思路和教学流程等。

2. 课时教学设计的细化

为了凸显课时教学与单元教学的关联,以及数字技术的赋能,上海小学科学学科优化原有"课时教学设计模板",形成如表 4-2-6 所示的"课时教学设计模板"(即前文所述模板工具②),它由教学任务分析、教学目标、教学重点和难点、教学资源、教学设计思路、教学流程、教学过程、板书设计和活动任务单等部分组成。

表4-2-6　课时教学设计模板

课题	

一、教学任务分析（指向"教什么"）

1. 本节课所在单元的学习内容和具体要求及与低年段或中高年段相关学习主题的关联，本节课在单元中的位置和地位

2. 学习本节课需要的基础知识与技能

3. 学生学习本节课的知识储备、学习经验、能力水平等学情的分析

4. 教学主要过程（与教学的几个主要环节相似）

5. 本节课对发展学生核心素养的功能分析

二、教学目标（实现"教学任务分析"的结果目标化）

（根据单元学习目标和学生实际，描述学生经历本节课学习活动后应达成的目标和能做的事情，与学习活动对应表述；强化数字素养和科学思维发展的描述）

1. ……

2. ……

三、教学重点和难点（明确教学的侧重点）

重点：……

难点：……

四、教学资源（强化教学资源的丰富性和适切性）

1. 学生活动器材

2. 教师演示器材

3. 自制数字课件、电子活动任务单和"赛·课堂"教学系统等

五、教学设计思路（概括叙述"怎样教"）

1. 本节课主要学习内容的概括性描述

2. 教学基本思路的描述

3. 突出教学重点和突破教学难点的策略的描述

4. 教学特色、亮点或创新点的提炼

六、教学流程（具体说明"怎样教"，体现"活动线""小结线"）

1. 教学流程图（简要呈现本节课的情境、问题、活动及其关联）

2. 对各活动过程的简要说明

3. 教学主要环节的简要描述

（续表）

七、教学过程（具体说明学生学习和教师指导要点，体现"五线并进"） 活动 I（根据课堂学习活动的安排）	
学生活动	指导要点
（学生在情境、问题引导下开展学习活动的安排；描述的主体是学生）（含"问题线""活动线""评价线""小结线"）	（针对活动过程的教师引导性问题，主要活动资源及科学思维与探究过程的指导策略，关注课堂生成、实施学习评价的操作要点等；描述的主体是教师）（含"问题线""评价线""资源线"）

活动 II
……

八、板书设计（凸显课时知识结构化，体现"小结线"）

九、活动任务单（提供学生学习活动与评价支架）
（包含活动方案设计单、活动数据记录单、电子阅读任务单等电子活动任务单，也包含与单元学习评价维度和内容呼应的电子学习评价单等）

根据核心素养导向、单元视角和数字技术赋能课堂教学设计的需要，同时为了突出"理解"和"逆向设计"，这一课时教学设计模板是在学科原有教学设计基础上，重点优化教学任务分析、教学目标、教学过程、活动任务单等四个部分的描述要求。具体的优化要点如下。

（1）增加关联描述要求，优化教学任务分析

"教学任务分析"是制订教学目标的主要依据之一，除学情分析、对发展学生核心素养的功能分析等要求外，通过增加与单元关联的思考与描述，更好地对接单元的教学目标、内容和过程。首先，增加"本节课所在单元的学习内容和具体要求及与低年段或中高年段相关学习主题的关联"，进一步明确课时所在单元在课程中的位置和地位；然后，增加"本节课在单元中的位置和地位"，进一步明确课时在单元中的位置和地位；在保留的"学情分析""对发展学生核心素养的功能分析"两个方面也隐含着与单元教学关联的描述要求。

因此，优化后"教学任务分析"的描述要求可以引导教师思考课时教学任务与单元教学任务的呼应，将课时的目标要求、内容结构、教学过程更好地与单元建立关联，以体现其教学目标制订依据的作用。

（2）突出单元目标视角，优化教学目标

课时"教学目标"是分步达成单元教学目标的关键，除"与学习活动对应表述"等要求外，通过增加"根据单元学习目标和学生实际，描述学生经历本节课学习活动后应达成的目标和能做的事情"这一描述要求，更好地架构达成单元教学目标的路径，以突出单元视角下的递进性，更好地把握课堂教学的起点和终点。科学思维是科学课程要培养的学生核心素养的四个方面中最关键的一个方面，是"双新"即新课程和新教材推进中教师必须突出的方面，教学目标必须在原有基础上强化学生科学思维发展目标的描述。数字化转型背景下，学生数字素养的发展也是重要的方面，教学目标要体现数字素养发展目标的设计。

因此，优化后"教学目标"的制订要求引导教师在制订课时教学目标时有单元的视角，做到合理分解与分配单元教学目标，以体现其导向课时学习活动设计的作用，同时也引导教师在制订目标时要关注并恰当地表达学生数字素养和科学思维的发展目标。

（3）融入"五线并进"思想，优化教学过程

"教学过程"是教学流程的具体化，需要教师思考学生课堂学习的核心问题、活动过程和学习收获，清晰地体现出学生学习的"问题线""活动线""评价线""小结线"，也需要教师思考实施指导时的核心问题、提供的资源、教师评价和指导策略等，梳理好教师指导的"问题线""评价线""资源线"。

因此，优化后"教学过程"的描述要求可以引导教师依据学科"五线并进"核心素养培育操作路径，在教学设计时对于学生学习和教师指导更加细致和全面，进一步提升课堂教学设计与实施的质量。

（4）融入促进学习的评价，优化活动任务单

"活动任务单"是学生课堂学习活动实施的支架，是学习活动质量的保障。活动方案设计单、活动数据记录单、电子阅读任务单等电子活动任务单是纸质任务单的升级版，成为教师基于数字化教学系统"埋点"的成果。除以上电子活动任务单外，在电子学习评价单设计中增加"包含与单元学习评价维度和内容呼应的电子学习评价单"的描述要求，既可以促进对单元教学资源的开发与利用，也能更好地突出单元视角，更好地为单元"学习大任务"及其他学习评价服务，进一步保证学习评价制订、实施、反馈等环节的完备和有效。

因此，优化后"活动任务单"的设计要求可以引导教师充分发挥学习评价的

激励、诊断和促进学习的作用,以体现其保障课堂学习活动质量的作用。

3. 课时教学设计的自我检验与同伴评阅

为进一步提升学科教师的课堂教学设计能力,依据"课时教学设计模板",我们编制了"课时教学设计同伴评阅表"(表4-2-7),教师可以此开展自我检验或与同伴合作优化教学设计的过程。具体如下。

致评阅者:

同伴评阅的目的,在于向教学设计的撰写者提供一些反馈,指出哪些方面写得好,哪些方面存在问题。

具体评阅过程如下:(1)通读全文,不要在文本上做任何标记;(2)对照教学设计的要素及其撰写要求,读第二遍,可以在文本上做记录和标记,并在下表相应栏目的"达成程度"一栏中填写得分;(3)再通读一遍,体会各要素描述的深刻性和一致性,撰写整体意见。

表4-2-7 课时教学设计同伴评阅表

第一部分 教学设计各要素达成情况的评判		
教学设计的要素	撰写要求	达成程度 (0:未见;1→5:程度由低到高)
教学任务分析	单元学习内容和具体要求及与低年段或中高年段相关学习主题的关联	
	本节课在单元中的位置和地位	
	学习本节课所需要的基础知识与技能	
	学习本节课的知识储备、学习经验和能力水平等学情的分析	
	教学主要过程的描述	
	本节课对发展学生核心素养的功能分析	
教学目标	根据单元学习目标和学生实际,描述学生经历本节课学习活动后应达成的目标和能做的事情	
	强化数字素养和科学思维发展的描述	
	与学习活动对应表述	

（续表）

教学设计的要素	撰写要求	达成程度（0：未见；1→5：程度由低到高）
教学重点和难点	重点把握正确	
	难点表述到位	
教学资源	分别描述学生活动器材、教师演示器材和数字教学资源	
教学设计思路	本节课的主要学习内容描述正确	
	本节课的基本思路描述清晰	
	对于本节课突出教学重点的策略，描述具体、有效	
	对于本节课突破教学难点的策略，描述具体、有效	
	对于本节课教学特色（或亮点、创新点）的描述具体、恰当	
教学流程	"流程图"简要呈现本节课的情境、问题、活动及其关联，图形规范（体现"活动线""小结线"）	
	"流程图说明"简要说明设计的内容和设置的理由	
	"教学主要环节"能简要表述各环节的内容	
教学过程	"学生活动"的描述清晰地呈现学生在情境、问题引导下开展学习活动的安排，描述的主体是学生（含"问题线""活动线""评价线""小结线"）	
	"指导要点"的描述清晰地呈现针对活动过程的教师引导性问题，科学思维与探究过程的指导策略，关注课堂生成、实施学习评价的操作要点等；描述的主体是教师（含"问题线""评价线""资源线"）	

(续表)

教学设计的要素	撰写要求	达成程度（0：未见；1→5：程度由低到高）
板书设计	板书呈现本节课的知识结构	
	注重条理性、概括性和艺术性	
活动任务单	包含活动方案设计单、活动数据记录单、电子阅读任务单等电子活动任务单的内容	
	包含与单元学习评价维度和内容呼应的电子学习评价单等	
	是学生开展课堂学习活动的有效支架（包含对学生进行活动方案设计、活动过程实施或活动结论交流与表达的引导）	
第二部分　对教学设计的整体意见		
本教学设计值得学习的方面：		
本教学设计可以优化的方面：		

说明：细化课时教学设计的实施案例，可见本书附录三。同时，可以使用"课时教学设计同伴评阅表"对相关教学设计作出评价。

（三）改进学习活动设计

1. 科学课堂学习活动的透视

《课程标准》指出：聚焦学科核心概念，精选与每个核心概念相关的学习内容，设计相应的系列学习活动，做到适合年龄特征、突出重点、明确要求，确保学生有充足的时间探究、实践与思考。

在课堂上，小学生科学学习活动的主要类型有：① 有计划、有目的地用感官来细察事物或现象的"观察活动"；② 通过干预和控制实验对象进行观察，认识相关科学概念的"实验活动"；③ 模拟自然现象或过程，认识自然现象或过程的形态和特点的"模拟活动"；④ 以自身为研究对象，感受某些影响因素带来的身体变化的"体验活动"；⑤ 从文字、图片、符号和图表等材料中获取需要的信息，领会其内容的"阅读活动"；⑥ 有计划、有目的地收集与研究对象相关的材料，以获取事物和现象的特征或规律的"调查活动"；⑦ 通过照料植物和饲养小动物、对动植物的生长与变化作观察的"种养活动"；⑧ 依据一定的科学原理进行规划和设计，做成有创意作品的"制作活动"；⑨ 利用掌握的学科知识与技能，结合实践活动，向他人作宣传、表演或展示的"服务活动"等。

2. 科学课堂学习活动的改进

数字化转型中的科学学习活动，需要基于数字教育资源和环境支持，围绕教学目标，确定教学内容、活动方式、教学过程、评价方式和补救措施等，将是否达成教学目标作为评价教学成功与否的标志。因此，教师进行备课和教学，要首先制订科学的教学目标，然后根据教学目标选择合适的教学内容，在数字教育资源和环境支持下设计学生科学学习活动与评价，组织和实施教学。

"数字化转型中的科学学习活动"中，最重要的是设计思想要符合新课程理念，强化科学课程所要培养的核心素养；学习活动关注如何为实现教学目标和培育核心素养服务，进一步解决"教什么""怎么教""如何实现教学过程最优化"三大问题。

"教什么"是指基于数字教育资源、环境支持和依据教学原理、教学规律，以及对于课程目标、核心素养、内容标准和学生实际情况等的分析，确定课堂教学的具体内容。

"怎么教"是指依据教学目标的预期和包括数字化信息控制系统等各种教学资源，以及教师的水平和风格，切实地、创造性地设想设计怎样的学生科学学习活动，采用何种策略、方法、手段和过程来实施教学。

"实现教学过程最优化"是指灵活调整人员、内容和资源等的组织方式，将"做中学"与"书中学"两种认知方式并举，提供给学生更多元和更丰富的活动方式，增强教师、学生和环境三者之间的共融共生，丰富学生自主、合作、探究学习的时空，形成更多以问题解决为特征的课堂教学，以实现教与学方式的变革，落实育人方式的变革。

在优化单元教学设计和细化课时教学设计后，教师利用"赛·课堂"搭建"组合式学习支架"，伴随小学科学教学数字化"情境—活动"课堂实践模式的运用，课堂教学结构形态和运作模式得以重构，聚焦以培养学生核心素养为根本目标，在体现课改新理念和学科性质的前提下，充分发挥新技术在促进教与学方式变革和提升课堂教学效益方面的作用；重视科学概念的形成过程，充分保证学生在课堂上有丰富的时空进行探究实践；关注活动评价的设计与实施，充分发挥评价促进学习的作用。

【实施案例】《光的反射①》一课学习活动的设计①

本课执教者 Z 老师基于上海小学科学教学数字化"情境—活动"课堂实践模式（见第一章《数字化转型：历程与收获》中的图 1-2-1）设计与实施教学。

这是一节典型的科学探究课。如图 4-2-7 所示，首先借助情境（魔术"储蓄罐"）引出课题；接着，通过活动形成新知和应用新知。新知形成的活动有两个，即认识光的反射现象和认识不同物体表面反射光的本领不同；新知应用活动有一个，即认识光反射现象的利用与防止。

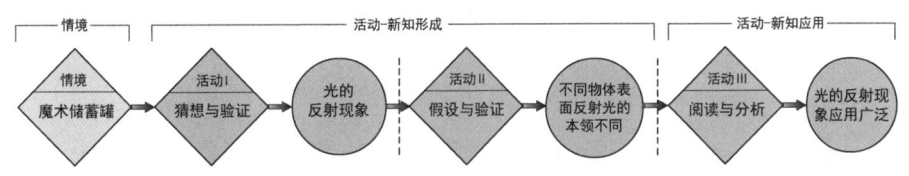

图 4-2-7 《光的反射①》教学流程图

Z 老师利用"赛·课堂"搭建"组合式学习支架"，设置活动数据记录单、阅读任务单、评价单等电子活动任务单，用于课堂情境创设、新知形成和新知应用环节，数字赋能，提升活动的参与程度、数据的使用效度和评价的调控力度，落实学生核心素养的培育，课堂学习活动设计和课堂教学样态得以改进。

首先，在"活动Ⅰ：认识光的反射现象"的猜想与验证环节搭建"设计支架"，学生在平板电脑上画出光线到达平面镜前后的可能路径，"数据支架"回收所有小组猜想的结果并在教室端电子大屏幕上呈现（图 4-2-8）。

---

① 本案例由上海市松江区九亭第四小学赵洁琼提供。

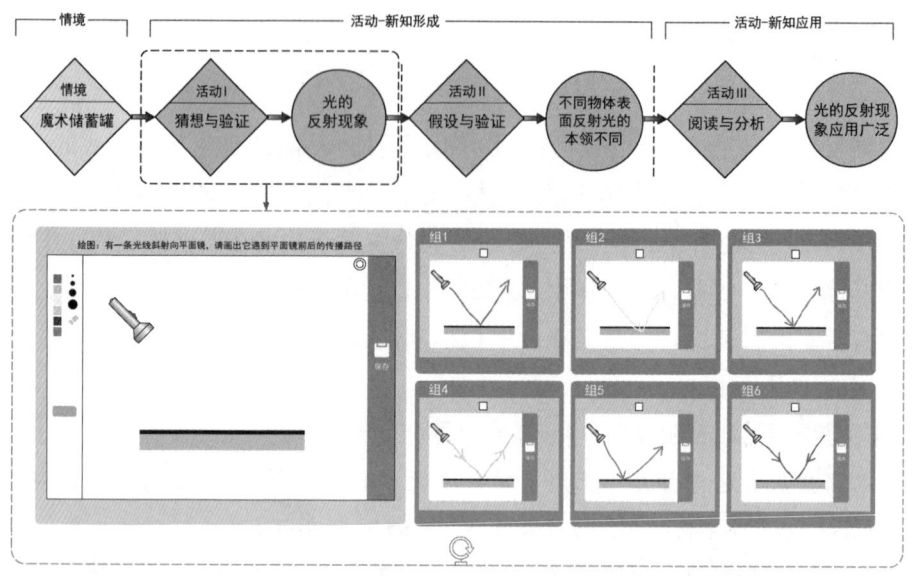

图 4-2-8　组合式学习支架在"活动Ⅰ：认识光的反射现象"中的应用①

大组交流后，Z 老师组织学生利用实验器材，根据猜想搭建实验装置，用拍照方式记录实验现象，利用"数据支架"呈现小组猜想与实验现象的对比情况（图 4-2-9）。这是一种全新的课堂数据呈现样态。学生分析对比实验现象和猜想，完成对猜想的验证，形成对光反射现象的认识。

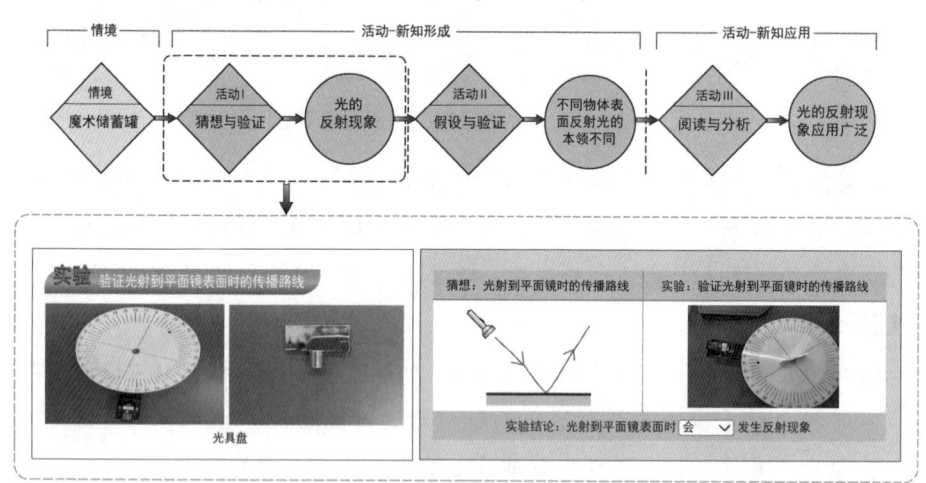

图 4-2-9　组合式学习支架在"活动Ⅰ：认识光的反射现象"中的应用②

在"活动Ⅱ：探究不同物体表面反射光的本领大小"中，Z 老师组织学生开展假设与验证活动，搭建"阅读支架"，引导学生明确活动与操作的要求（图 4-2-10）。

第四章　教学数字化：变革与提升

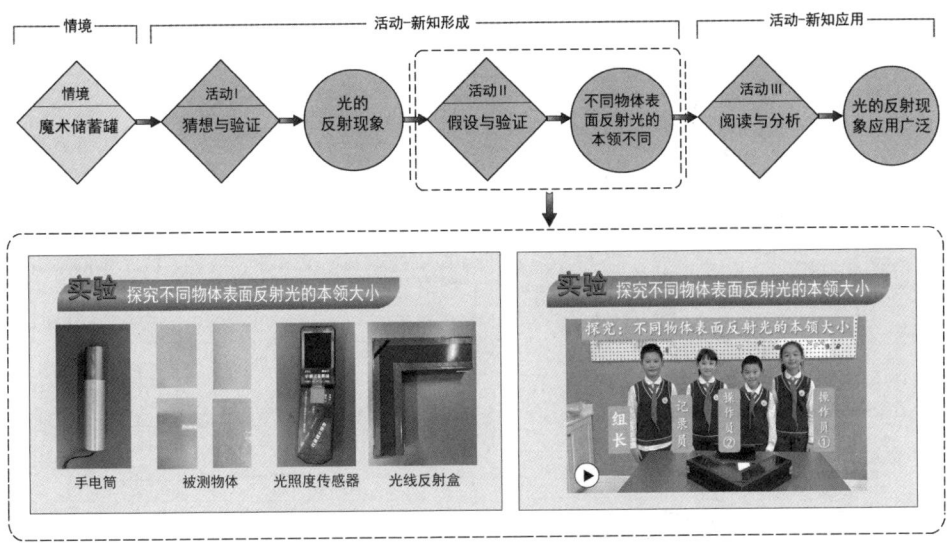

图 4-2-10　组合式学习支架在"活动Ⅱ：探究不同物体表面反射光的本领大小"中的应用①

然后，"数据支架"引导学生借助 DIS 传感器搜集支持假设的证据，再次利用"数据支架"，回收所有小组的实验数据（图 4-2-11）。

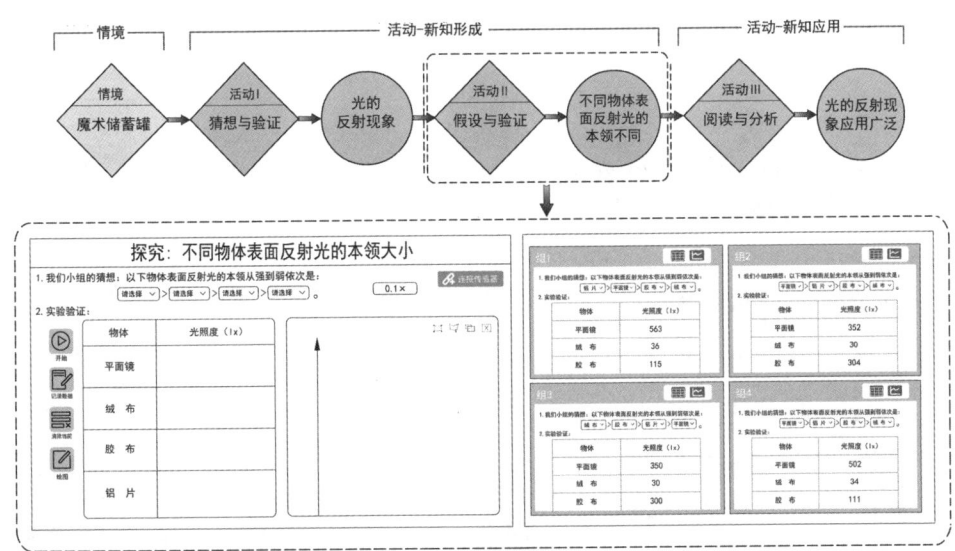

图 4-2-11　组合式学习支架在"活动Ⅱ：探究不同物体表面反射光的本领大小"中的应用②

在"数据支架"引导下，学生分析归纳形成小组结论；Z 老师利用系统实时生成全班所有小组数据的汇总图表（图 4-2-12），由小组结论过渡到全班一般结论——不同物体表面反射光的本领不同。

109

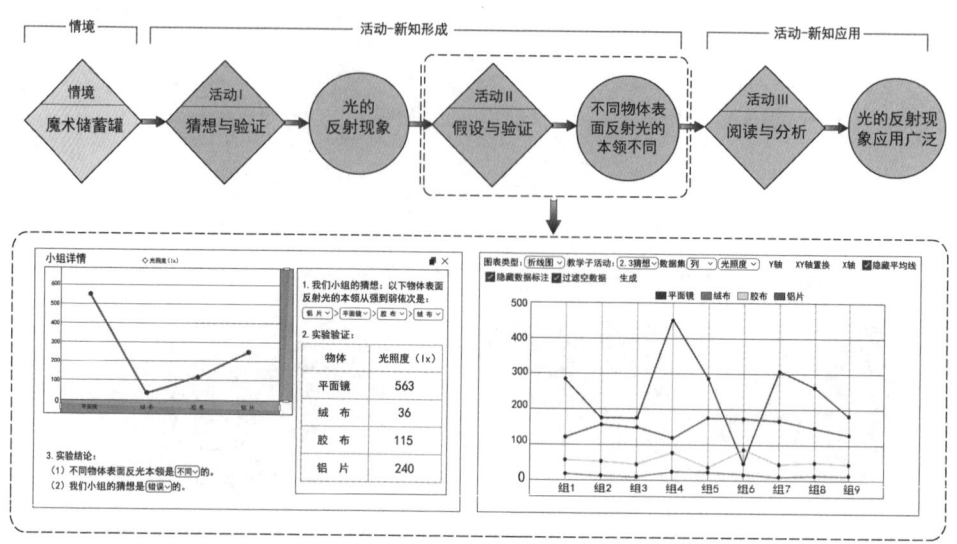

图4-2-12 组合式学习支架在"活动Ⅱ：探究不同物体表面反射光的本领大小"中的应用③

在"活动Ⅲ：认识光反射现象的利用与防止"中，Z老师搭建"阅读支架"，学生通过阅读，结合前面所学，对生产和生活中光反射现象实例作出分析，Z老师利用"数据支架"反馈全班选择判断的结果并进行交流（图4-2-13）。

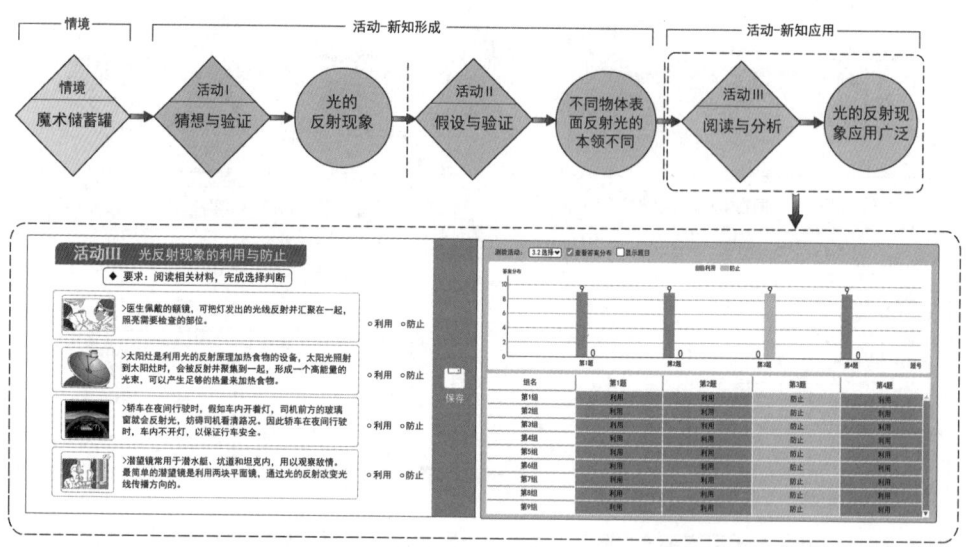

图4-2-13 组合式学习支架在"活动Ⅲ：认识光反射现象的利用与防止"中的应用

本节课中，学习评价伴随整个过程。在两个核心活动中，Z老师以科学课程要培养的核心素养的四个方面作为评价维度,设计学习评价单(图 4-2-14),将活动的关键和重点与核心素养进行关联,核心素养的培育路径更加清晰。

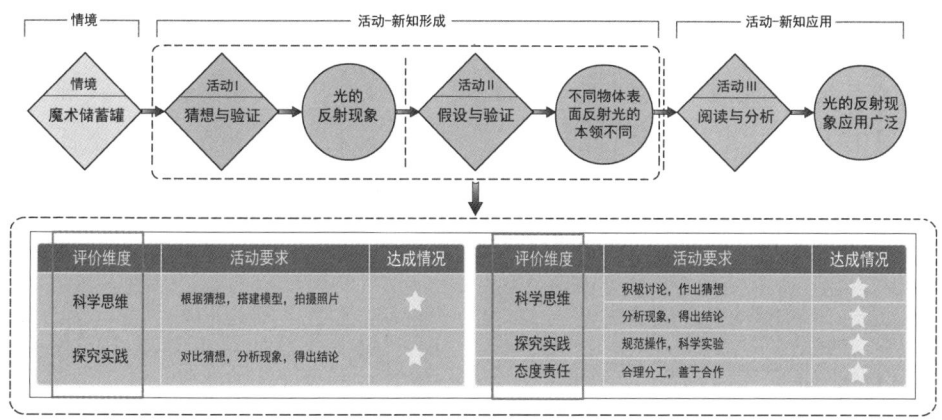

图 4-2-14　组合式学习支架在学习评价中的应用 ①

"过程评价支架"还包含三个维度的教师评价。Z 老师针对全班所有学生、相关小组和学生个体的活动情况作出点评,给予过程性的实时评价,评价内容和结果都可以在教室端电子大屏幕上呈现(图 4-2-15)。

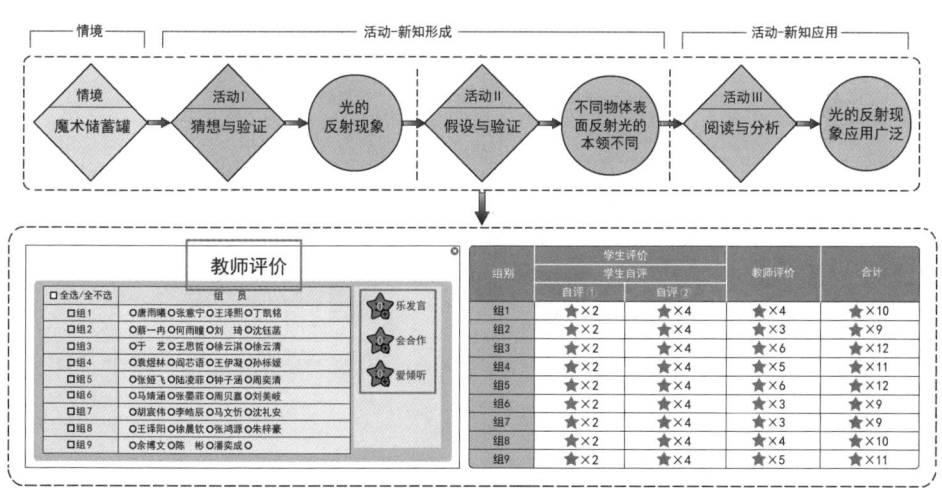

图 4-2-15　组合式学习支架在学习评价中的应用 ②

"过程评价支架"可以促进学生在活动、课时和单元等不同层面进行学习反思。例如,评价结果汇总界面可在一个活动或课的结束之前呈现,作为活动或课堂小结的有机组成部分,引导学生反思课堂表现。每一节课的评价结果都可以留存,系统可以根据教师预设的评价维度,在单元结束时自动汇总学生小组或个体的评价结果,并可以在学生端平板电脑上实时呈现,为学生反思单元学习提供帮助。

在系统"探究实践报告"功能支持下,Z老师实时生成课堂探究实践活动报告(图 4-2-16),用于课堂小结环节。在阅读系统生成的个体或小组的个性化报告后,学生对课堂学习作整体反思,对学习有更结构化的认识。这样的课堂小结也是教学数字化后小学科学课堂的新样态。

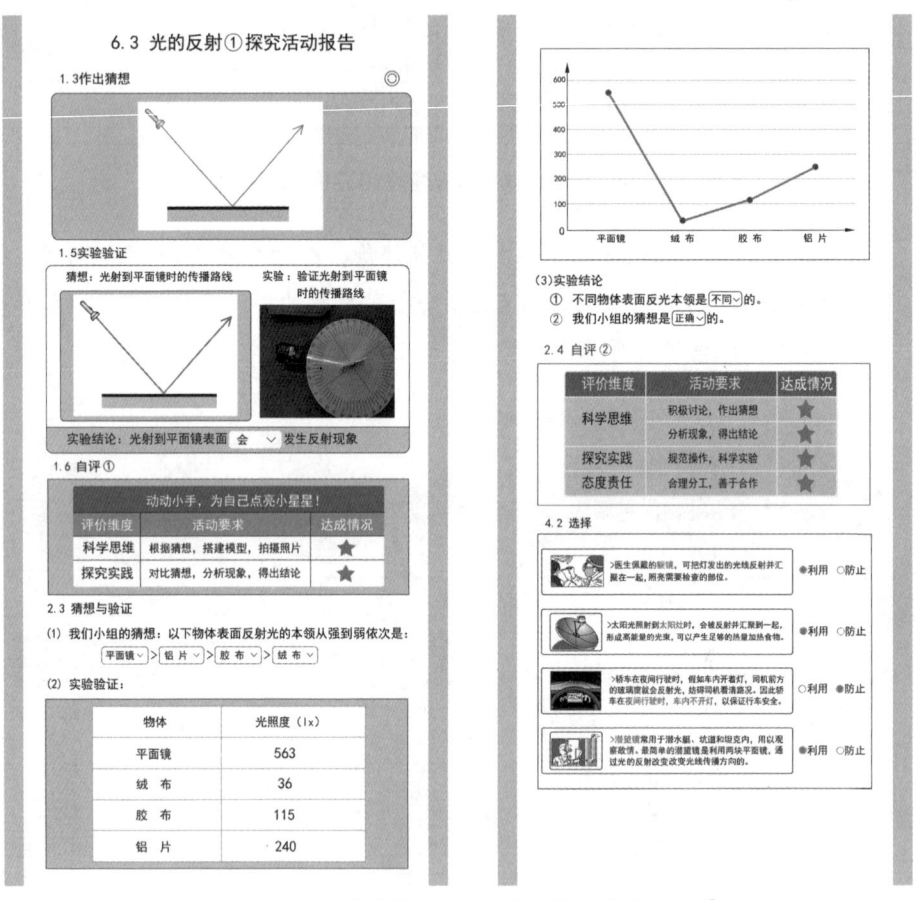

图 4-2-16　组合式学习支架在学习评价中的应用③

利用"赛·课堂"搭建"组合式学习支架",课堂学习活动得以改进,课堂教学新样态得以形成。

第三节　因融而跃

一、图说：上海市闸北田家炳小学科学教学数字化实施路径

使用"赛·课堂"数字化教学系统后，上海不少学校的科学教育质量显著提升，上海市闸北田家炳小学（以下简称田家炳小学）就是其中的一所学校。

田家炳小学科学教研组借助DIS和"赛·课堂"数字化教学系统，基于数字技术搭建由阅读、设计、数据和评价等支架组合而成的"组合式学习支架"，并融入教学，科学课堂教与学方式由此发生变革。如图4-3-1所示，教师备课时搭建的"组合式学习支架"能根据学生科学学习全过程的需要展开，可以随时为学生提供帮助，学生通过数字化教学系统提供的探究实践任务和即时数据，理解科学观念，发展科学思维，形成态度责任；教师通过即时数据诊断学生行为、评价学生活动和反馈学生表现，科学课堂有了"师生终端互联、行为数据驱动"的教学新样态。借助"组合式学习支架"的资源和数据赋能，学生自主、合作、探究学习的时空得以丰富，科学学习内容得以重构，课堂教学流程得以再造，田家炳小学科学教学实现了从数字化实验到教学数字化的"跃迁"。

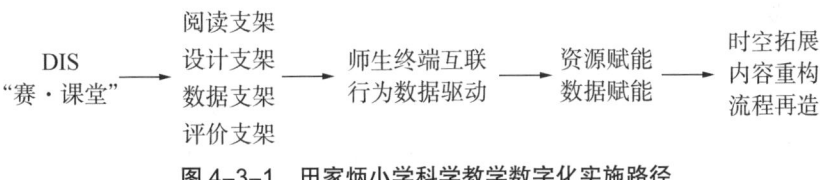

图4-3-1　田家炳小学科学教学数字化实施路径

二、细议：教学数字化赋能学校科学教育质量的提升

田家炳小学是一所普通公办小学，学校分为东、西两个校区，共有专职科学教师5名。在2022年上海市中小学学业质量绿色指标综合评价中，学校科学学科成绩超过市、区平均分，在学校参与综合评价的4门学科中表现最突出。可以说，学生科学学习优异的表现与教学数字化赋能科学教育是分不开的。

（一）学校科学教育质量提升的起始点：引进 DIS 实验

自 2016 年起，田家炳小学引进数字化实验系统。学校科学教研组在社团活动中实践数字化实验，开发与实践了共计 15 个力学数字化实验活动。在积累了一定的实践经验后，教研组将相关实践成果与经验逐渐向科学课堂教学延伸，开发出"摩擦力""磁""酸碱"等多个系列，共计 11 个数字化实验，初步实现数字化实验在科学课堂常态化应用，学校成为上海市常态化应用数字化实验开展小学科学课堂教学的特色学校。

（二）学校科学教育质量提升的精研点："DIS 实验 + 赛·课堂"常态化应用

2019 年起，为推进"赛·课堂"的迭代升级和常态化应用，田家炳小学和上海市徐汇区徐汇实验小学两所学校被推选为上海市小学科学学科试点学校。其间，田家炳小学数字化实验的应用，实现了从入门到精通的转变。在市教研室的指导下，学校积累了 100 多个实践案例，分为"传感器使用""物质科学""生命科学""地球与宇宙""综合实践活动"五大板块，科学课堂初步完成从数字化实验到实验数字化、流程数字化的转型。2021 年，学校出版《实验教学的新实践——上海市小学数字化实验应用案例 100 例》。

同时，借助"赛·课堂"的常态化应用，进一步优化科学课堂教学和系统功能，形成了"组合式学习支架"支持下的课堂教学新样态，推进流程数字化向教学数字化转变。在教学数字化转型推进过程中，教研组全体教师的学科专业素养得到提升，丰富了数字化实验设计内容，创新了课堂组织形式。

（三）学校科学教育质量提升的深造点：数字化实验系统应用基地学校

2020 年，基于学校数字化实验应用成效，为进一步推进中小学科学数字化实验系统和"赛·课堂"数字化教学系统的应用，市教研室成立上海市中小学数字化实验系统应用推进中心，并将田家炳小学推选为上海市中小学数字化实验系统应用推进基地学校，主要承担小学科学数字化实验应用项目学校（以下简称项目学校）培训工作，以带动更多学校投身教育数字化转型的浪潮之中。

在市教研室的指导下，田家炳小学以"数字技术与实验教学深度融合，促进小学科学实验教与学方式转型升级"为着力点,关注数字化实验课程的设计与实施,提升项目学校教研团队的数字化实验课程领导力(思想力、设计力、实施力和评价力),为DIS和"赛·课堂"常态化应用培育种子学校与教研团队。

项目学校建设周期为两年,由上海市中小学数字化实验系统应用推进中心与田家炳小学共同实施培养。第一年,以参加专题培训、明确实践方向和完成课程文本为主;第二年,以课程实践和总结提炼为主。通过两年的培养和培育,形成项目学校数字化实验课程,为常态化应用形成案例和操作路径。

根据项目学校教师的需求和小学科学教学发展的趋势,市教研室、上海市中小学数字化实验系统应用推进中心与田家炳小学共同建构了项目学校教研团队数字化实验课程领导力提升的自我培育机制(图4-3-2)。

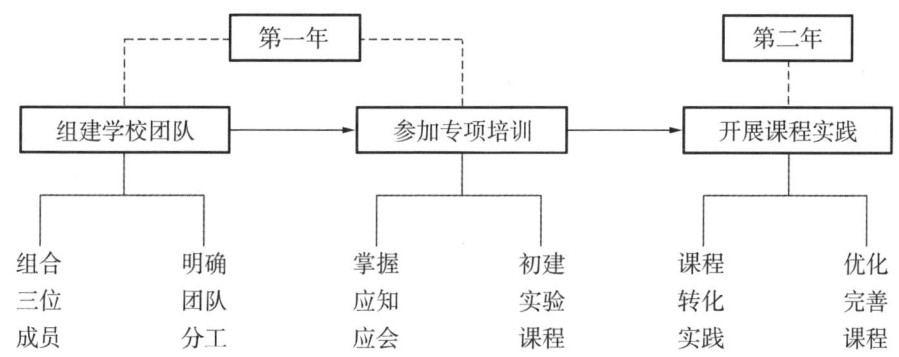

图4-3-2 项目学校教研团队数字化实验课程领导力提升的自我培育机制

为促进项目学校教研团队数字化实验课程领导力的提升,还建构了提升项目学校数字化实验课程领导力的组织培养机制(图4-3-3)。

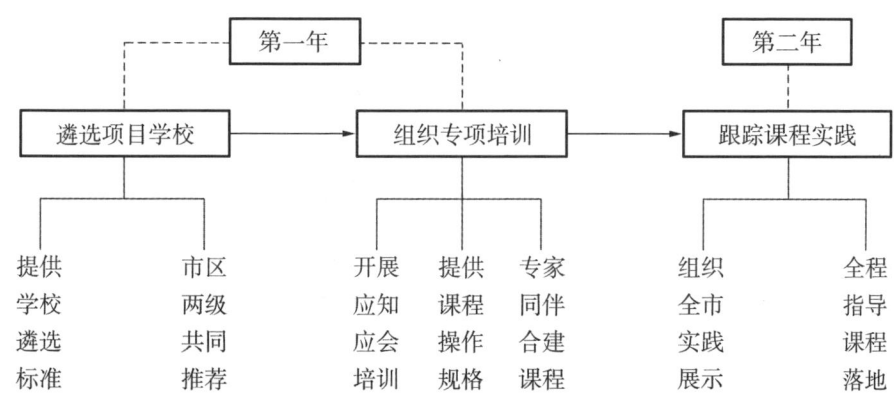

图4-3-3 提升项目学校数字化实验课程领导力的组织培养机制

项目学校建设突出"教学研一体化"的实践思路（图4-3-4）。在项目学校教研团队开发和实施数字化实验课程的过程中，聚焦测量工具的改变和数字技术的运用，创新小学科学教师演示实验和学生实验，关注学生的实践性学习，助力实验教学方式的变革。

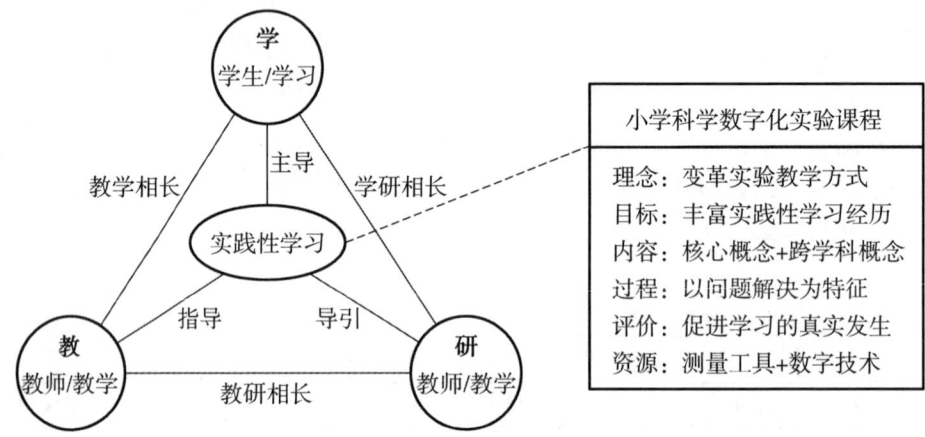

图4-3-4　中小学数字化实验课程"教学研一体化"机制结构图

通过4年的努力，已有30所项目学校、90余位教师开展了小学科学数字化实验课程的设计与实施工作，共形成30门数字化实验课程（含课程纲要、教师手册和学生手册）。

在参与项目学校建设的过程中，田家炳小学科学教研组全体成员的课程领导力得以显著提升。

05 第五章
教学数字化：前景与展望

通过 DIS 的应用与"赛·课堂"的研发，上海市小学科学学科在数字化转型方面取得了一定的成果与实效，课堂教学效益有了显著的提升。作为教学数字化转型主要使用的"赛·课堂"教学系统已成为"上海市中小学数字化教学系统"（简称"三个助手"平台）的一个组成部分，也正在为中学各科学课程教学数字化转型服务。接下去，我们将以迭代推进"赛·课堂"为研发目标，不断对系统"备课助手""教学助手""作业辅导助手"的功能进行优化和拓展，并建设更多的小学科学课程数字化教学资源，以更好地支持学科教学实践。同时，继续以建构科学课堂教学"新样态"为主攻方向，对"情境—活动"课堂实践模式进行拓展和深化，以更好地促进学科教与学方式的变革。

中小学科学教学数字化，前景灿烂，未来可期。

第一节　因创而腾

一、图说：DIS+"赛·课堂"——中小学科学教育的两大助推器

数字化转型为上海中小学科学学科发展提供了机会和动力。在转型历程中，使用的数字化信息控制系统主要是 DIS 数字化实验系统和"赛·课堂"数字化教学系统。

可以用并联（捆绑式）火箭模型来比喻两个数字化信息控制系统与中小学科学教育之间的关系（图 5-1-1）：火箭主箭体代表中小学科学教育；DIS 和"赛·课堂"是两个重要的助推器，DIS 有数据采集系统、实验配套系统和实验配套器材三个重要组成部分，"赛·课堂"有"备课助手""教学助手""作业辅导助手"三个助手，它们共同为小学科学教育提供附加推力。物理学告诉我们，火箭

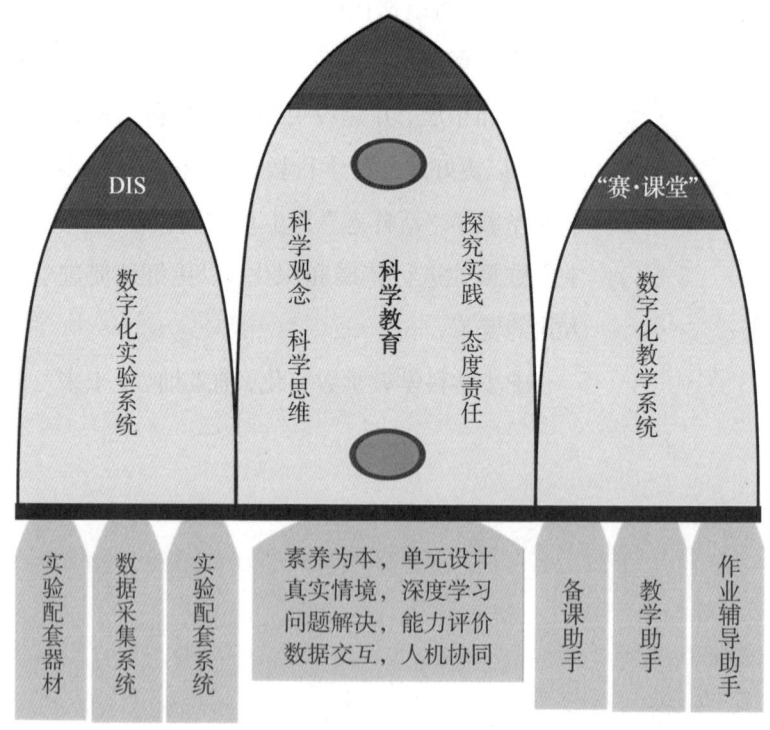

图 5-1-1　DIS+"赛·课堂"：中小学科学教育的两大助推器

的动力决定了其运载的物体入轨的速度,决定了物体的运动是在地面附近或是绕着地球,还是进入太阳系,甚至走向更深的宇宙。上海小学科学学科的教学实践证明,有了DIS和"赛·课堂"这两个助推器,小学科学教育可以"飞"得更高,在更高位运行,为学生适应未来社会提供更好的服务。

二、细议:"赛·课堂"进一步赋能科学教育的思考

数字技术支持下的科学探究实践不仅能有效增强学生对科学规律的感知和理解,还能为学生高阶思维的发展及团队合作能力与意识的形成提供重要的教学场景。综合课堂实录、学生访谈和师生评价等数据,可以发现在"赛·课堂"的支持下,学生课堂学习活动的参与度和交流有效性有明显的提升;从课堂时间分配的数据看,呈现出从"教师教"向"学生学"过渡的态势。教师普遍反映,信息技术支持下的教学方式变革变得自然和容易,技术可以更好地为学生个性化学习服务,也可以更好地支持以问题解决为特征的课堂教学的实施。

为了更好地支持教学数字化转型工作,助力学科教学方式变革,赋能中小学科学教育,"赛·课堂"需要在功能的优化和拓展及应用的场景和范围等方面,进一步开展研究与实践。

(一)优化系统功能,深化教学数字化转型

模块功能的优化可以进一步提升"赛·课堂"的引领性。例如,系统应能集成《课程标准》《教学基本要求》、优秀单元教学设计等更多的资源,在教师备课时智能化推送相关内容,引导开展教材分析、目标制订、活动设计和评价设计等,提高教师备课的质量。再如,目前的留存教学档案功能,逻辑轨迹还不是很清晰,需要建立"学年—学期—单元—课时"结构化的框架,既可以为教师查询教学轨迹和学生查询学习轨迹提供清晰的路径,也可以引领教师增强结构化理解学科知识的意识,提高进阶性解决问题的能力,进而深化教学数字化转型。

模块功能的优化还需要进一步提升"赛·课堂"的便捷性。例如,系统目前提供的备课功能,是在教师已有教学设计和演示文稿的基础上开展的,若能在备课中直接编辑演示文稿并最终形成数字化课堂,就能给教师带来使用系统更便捷的感受,"赛·课堂"也就可以成为更好的备课助手。

（二）拓宽应用场景，支持教学共同体发展

在小学科学教学数字化转型实践中，形成和发展了"赛·课堂"。"赛·课堂"的应用范围还可以进一步拓宽。例如，在中小学科学学科教学中更广泛地使用，可以在学生综合实践活动中尝试使用，也可以在各学科主题教研、深度教研等应用场景中适切地使用。

将"赛·课堂"应用于更多的学科教育教学和学科教学研究之中，教师可以借助"赛·课堂"与其他教师共享数据，以实现知识的更新和教学的创新。"赛·课堂"可以促进学科教师共同愿景的构成，助力教师共同体建设。当然，应用场景和范围的扩大也需要系统功能作相应的优化与拓展。

第二节 因创而盈

一、图说：上海小学科学数字化课程资源开发路径

2022年7月，根据上海市基础教育教学数字化转型建设工作的总体要求，小学科学（自然学科）开展了数字资源建设工作。在总项目组的领导和指导下，按照"滚动建设资源，分步推进试验，快速迭代平台，助力转型发展"的工作思路，小学科学（自然学科）形成了数字化课程资源开发路径（图5-2-1）。首先，组成市、区两个层面的学科项目组：市学科项目组由中心组和技术组两个小组组成，中心组由市教研员、部分区教研员和市级骨干教师组成，技术组由部分熟悉数字化教学系统的骨干教师组成；静安区和徐汇区两个试点区同步成立区资源建设组，组织更多学科教师参加数字化转型资源建设工作。接着，编制学科方案和开发资源样例。然后，在开发资源的过程中，根据总项目组的要求，填写学科字典。相关单元资源建设完成后，由两个试点区在课堂进行实践与优化。

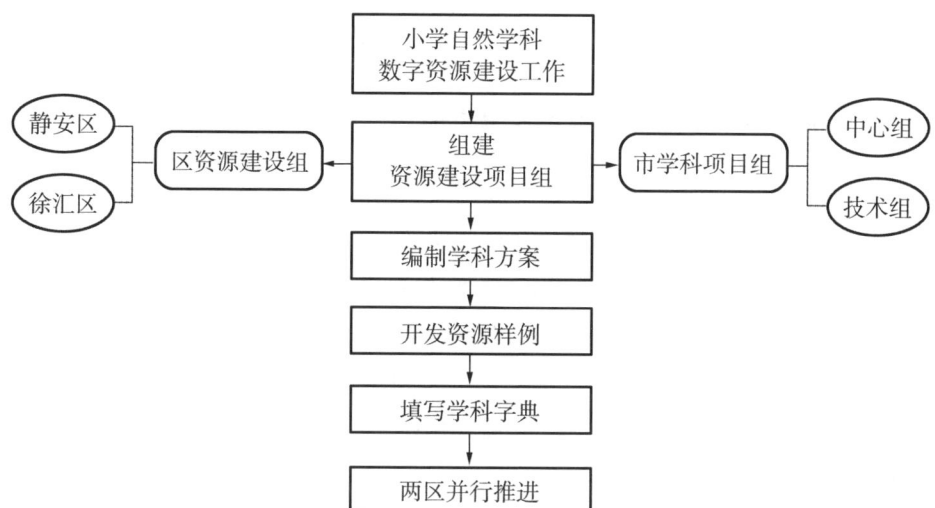

图 5-2-1 上海小学科学（自然学科）数字化课程资源开发路径

在资源建设中，市、区、校三级联动，边研究边实践，边反思边改进，努力应对数字化转型过程中出现的新情况和新问题。普陀、金山等区主动加入静安区负

责的、与沪远东版《自然》配套的自然课程资源建设与实践工作，闵行、宝山等区主动加入徐汇区负责的、与沪科教版《自然》配套的自然课程资源建设与实践工作。

两年中，上海小学科学（自然学科）完成沪远东版《自然》三年级、沪科教版《自然》四年级共计29个单元、122课时的数字资源建设，为学校科学学科数字化转型提供了优质的课程资源。

未来，随着沪科技版《科学》教材的推出，还将同步建设配套的数字化课程资源，为教师教学提供所有单元和课时的教学设计及数字课件，为义务教育"双新"推进提供更加多样和有效的支持。

二、细议：数字化课程资源开发的意义价值与学科操作

为促进基础教育优质均衡发展，为师生提供更多优质资源，上海市教育委员会于2022年7月全面启动基础教育教学数字化转型建设工作，将数字教材、"空中课堂"教学视频及配套数字化课程资源融入上海市中小学数字教学系统，使系统更好地成为教师的备课助手、教学助手、作业辅导助手，推动教学方式变革，提升教育教学质量。

（一）数字化课程资源开发的意义价值

全学科开展数字化课程资源开发的主要意义在于以下三个方面。

（1）促进优质教育资源共享。通过优质数字资源共享，扩大优质教育资源覆盖面，使优质教育资源惠及更多学生，推动教育优质均衡发展。

（2）更好地落实因材施教。借助数据，对学生学习情况和教师教学过程加强分析，改进教育方法。

（3）促进减负增效。在当前"双减"背景下，运用技术手段，提高教师的备课效率和教学效率。

在使用学科建设的数字化课程资源时，教师可以采用三种方式。

（1）"照着用"，即完整使用已有的数字化课程资源来开展课堂教学。

（2）"改着用"。在有了一定的教学数字化体验后，教师基于已有的数字化课程资源，结合实际教学及其他条件，对资源进行改造，然后开展课堂教学。

（3）"创造用"。在熟悉教学数字化后，教师参考已有的数字化课程资源，基于对数字化教学系统功能的掌握，自主开发适合课堂教学的数字资源，并将其应用于课堂教学。这种方式是我们所期待的，它是教师对于破解教育难题、探索育人模式和提高教育教学质量的主动性及创造性的体现。在上海小学科学的教学数字化实践中，采用这种方式的教师已经不是少数。

（二）小学科学数字化课程资源开发与应用的主要策略

本次资源建设工作，除完成基础资源，包括单元教学设计、各个课时教学设计和演示文稿的建设之外，还要根据上海小学科学（自然学科）学科的特点，完成学科特色资源，包括各个课时数字互动课件、各个课时"空中课堂"视频片段裁切及部分数字化实验资源等的建设。

在本次资源建设和应用实践中，突出"一个标准""两处强化""三点突破"的建设策略。

"一个标准"即《教学基本要求》，突出目标、教学和评价的一致性，确保数字资源与基本要求相匹配。

"两处强化"：一是强化对"空中课堂"视频资源的使用（联系、整合、转化、生成）；二是强化对最新优化的课堂教学设计模板（单元教学概况模板、课时教学设计模板）的使用，以此促进数字资源建设中基础资源的规范性。

"三点突破"在于"赛·课堂"数字化教学系统的互动课件设计和建设：一是将小学自然学科的"五线并进"教学流程与"赛·课堂"教学系统中的"系统时间轴"和"赋值功能菜单"两个功能相匹配，从而使互动课件具有整体化和进程性的特点；二是建设各个课时的数字化实验资源，发挥数字化实验数据采集更自动、数据处理更智能、数据结果更精准和数据呈现更直观等优势，助力发展学生的科学证据意识，提高学生的科学思维水平，提升学生的科学探究能力等；三是进一步优化和拓展"赛·课堂"教学系统，使之更易于教师备课和教学，从组织、认知和活动等维度引导变革教与学方式，同时，系统中预设的实验、阅读、测评等活动内容和各类数据汇总方式能够增强体验性和互动性，成为学生课堂学习活动良好的支架，更有利于师生的流畅互动与课堂资源的动态生成。

以上建设策略将在"双新"推进同步配套数字资源的过程中继续优化与使用，以进一步提升小学科学数字化课程资源的质量。

第三节 因创而更

一、图说：核心素养导向、数字技术赋能下的小学科学教学数字化未来课堂实践模式

在核心素养导向的教育改革背景下，小学科学学科亟待解决的问题是"如何在科学教学中落实核心素养的培育"。学科教研的主攻方向则是对教学数字化"情境—活动"课堂实践模式进行拓展（图5-3-1）。探究实践是科学教学的重要组成部分，有以下组成要素：提出问题或提出任务，制订计划，实施方案，获得证据或形成初步产品，分析证据或改进设计，进行表达、交流或展示。在探究实践的教学过程中，需要教师以素养为本，强化单元设计，创设真实情境，用深度学习理论引导学生解决问题，通过能力评价促进学习，发展学生在科学观念、科学思维、探究实践和态度责任等方面的核心素养。这样的教学需要建立在数据交互、人机协同的基础之上。

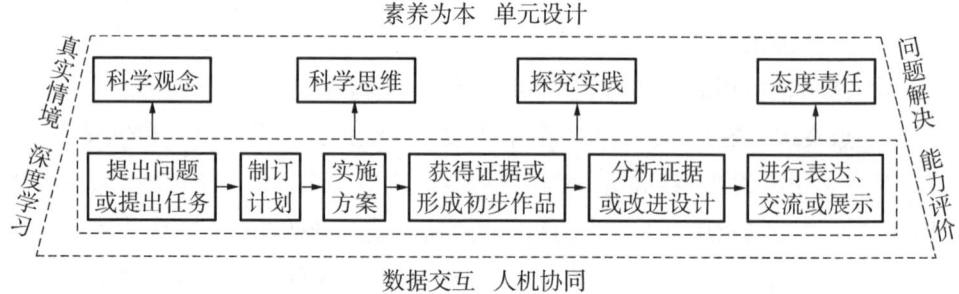

图 5-3-1 小学科学教学数字化未来课堂实践模式展望

二、细议：教学数字化对小学科学教学范式的影响

（一）教学数字化带来教学范式的变革

1962年，科学哲学家托马斯·库恩（T. S. Kuhn）提出对于科学发展和革命性变革的理论，该理论的核心概念是"范式"，是指科学界所接受的一种基本观念、

方法和理论，是科学共同体在特定历史时期所公认的规范和准则。该理论的主要内容包括前科学与范式形成、常规科学与范式积累、科学危机与范式解体、科学革命与范式变革、新常规科学与新范式形成。科学革命本质上是研究范式的变革，随着时代发展，新的范式替代旧的范式。范式的变革不是知识的直线积累，而是一种创新和飞跃，是一种科学体系的革命。

库恩的范式理论告诉我们，随着时代发展，新的范式会替代旧的范式，引发科学革命。库恩的范式理论也为中小学科学教学范式的变革提供了一种参考的思路。不同的历史时期，基于课程资源等条件，科学课堂教学都会呈现一种与所处时代相适应的范式，并形成具有连续性和阶段性特征的样态。随着时代的发展，新的科学课堂样态正在替代旧的样态，中小学科学教育范式正在发生变革。例如，小学科学教学数字化带来教师端、学生端和教室端共融共生，特别是学生端的使用，原有的课堂样态正在蜕变，我们迎来了科学课堂教学的新样态。

（二）探寻小学科学教学数字化课堂的新样态

没有课程资源的广泛支持，再美好的课程改革设想也很难变成中小学的实际教育成果，因为课程资源的丰富性和适切性程度决定着课程目标的实现范围和实现水平。随着国家对中小学科学教育重视的提升和投入的增加，科学课程资源的丰富性和适切性程度大大提升，数字技术又为科学课程资源增添了无限可能，中小学科学教育范式变革已成为必然和当然。

小学科学教学数字化对于上海小学科学课堂教学产生的影响可以用教学数字化"杠杆"模型（图5-3-2）来说明。其中，课堂教学是杠杆，学习活动是杠杆的支点；数字赋能为杠杆提供动力，撬动学科教学方式的变革。利用教学数字化，

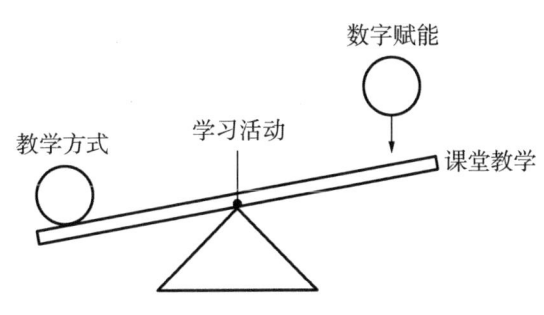

图 5-3-2　教学数字化"杠杆"模型

上海小学科学学科正在重构课堂教学的目标、内容、过程和评价，科学课堂有了新样态，整体提升了科学教育的质量。

小学科学课堂样态迭代过程中形成的新样态，肯定不是目前的常态，而是目

前的新态，需要经过固化（有稳固的过程），从而成为新常态。

科学课堂新样态需要教研人员和教师共同创新与创造。上海小学科学教学数字化已带来学生科学观念、科学思维、探究实践和态度责任等核心素养培育新样态的雏形。例如，在"赛·课堂"的"组合式学习支架"引导下，运用图示化、科学表达、转化法等策略，实现学生科学思维可视化；基于数字化系统提供的实验现象、数据的观察和分析，支持学生发展模型建构、推理论证和创新思维，使得"培养科学思维"不再是一句空话，而是切切实实可以落实的。在培养科学思维的同时，数字化赋能同样可以支持学生态度责任的升华。以上课堂教学样态就是一种新态，需要我们深入研究，将其固化，使之成为新常态。

日常重复的教学行为和样态并不是创新。课堂教学样态的创新要有基础，数字技术就是很重要的基础。同样，教师的观念也决定了课堂教学样态创新实现的范围和质量。课堂教学样态的创新要有思路，需要具备一定的创新基础和能力后，才会有真正的创新。

教育数字化转型的根本目的是为人服务，上海市小学科学学科将以教学数字化课堂"新样态"转化为"新常态"作为主攻方向，进一步提升教师教育数字化转型胜任力和学生数字化生存力与创造力。

参考文献

[1] 中华人民共和国教育部.义务教育科学课程标准:2022年版[M].北京:北京师范大学出版社,2022.

[2] 中华人民共和国教育部.普通高中物理课程标准(2017年版2020年修订)[M].北京:人民教育出版社,2020:76–77.

[3] 上海市教育委员会教学研究室.上海市小学自然学科教学基本要求(试验本)[M].上海:上海科学技术出版社,2018.

[4] 上海市教育委员会教学研究室.小学自然单元教学设计指南[M].北京:人民教育出版社,2018.

[5] 上海市教育委员会教学研究室.上海市小学基于课程标准的评价指南[M].上海:上海教育出版社,2019.

[6] 周良军,邓斌.华为数字化转型[M].北京:人民邮电出版社,2021:4–9.

[7] 安筱鹏.重构:数字化转型的逻辑[M].北京:电子工业出版社,2019:45.

[8] 布兰思福特,等.人是如何学习的:大脑、心理、经验及学校:扩展版[M].程可拉,孙亚玲,王旭卿,等译.上海:华东师范大学出版社,2013:184.

[9] 徐淀芳.以教学方式变革和信息技术应用为抓手,深化课程改革[J].上海课程教学研究,2019(2):3–7.

[10] 郑永和,王一岩,郑宁,等.教学数字化转型:表征样态与实践路径[J].电化教育研究,2023(8):5–11.

[11] 赵伟新.数字化实验系统在小学科学教学中的应用[J].上海课程教学研究,2018(5):53–57.

[12] 赵伟新.小学科学教学数字化:基本特征与实践推进[J].上海课程教学研究,2022(9):16–22.

[13] 赵伟新,沈慧丽.小学自然/小学科学与技术:数字化转型中的科学学习活动[J].上海课程教学研究,2023(5):65–67.

[14] 赵伟新.用技术的力量促进教学方式的变革:从赛灵格系统迭代更新看小学科学课堂教学的变化[J].科教导刊,2021(3):88–91.

［15］赵伟新.单元视角下小学自然课堂教学设计的研究与实践［J］.上海教育科研，2021（5）：78-82.

［16］赵伟新."赛·课堂"：整体性架构与应用推进［J］.上海教育科研，2022（7）：60-67.

［17］鲍晓坚，贺云飞.伴随式学习支架在小学自然数字化教学中的应用［J］.上海课程教学研究，2023（1）：36-41.

［18］王玉婷.基于伴随式学习支架培养小学生科学探究能力［J］.上海课程教学研究，2023（6）：36-40.

［19］郑梦洁.思维型科学探究活动的设计与实施：以"杠杆平衡"一课为例［J］.上海课程教学研究，2023（7/8）：45-51，84.

［20］叶菲.小学科学工程实践活动的设计与实施：以"制作简易称量工具①"一课为例［J］.上海课程教学研究，2023（7/8）：52-57.

［21］赵洁琼.数字化赋能小学科学高阶教学初探：以"光的反射①"为例［J］.上海课程教学研究，2024（4）：56-61.

附录

附录1 《实验教学的新实践——上海市小学数字化实验应用案例100例》简介

《课程标准》明确指出,"教师应利用信息技术辅助手段,如虚拟仿真实验、数字化实验等,让学生比较直观便捷地学习相关知识"。什么是数字化实验?怎样将数字化实验应用到学科教学?数字化实验对发展学生核心素养有什么作用?这些问题均可以在《实验教学的新实践——上海市小学数字化实验应用案例100例》一书中得到解答。

该书由市教研室委托上海市中小学数字化实验系统应用推进中心和田家炳小学共同编制,汇集了田家炳小学及全市小学科学数字化实验应用优秀案例。书中的案例涉及"物质科学""生命科学""地球与宇宙""综合实践"四大领域。每个案例均包含实验设计背景、教学目标、器材与操作、教学流程和学生活动任务单(含学习评价单)。每个案例均配有教学视频,只要用手机扫描案例页面中的二维码,即可观看相关实验的教学视频。

丰富多彩的案例背后是上海一线教师长期研究的智慧结晶。本书是小学科学教师开展数字化实验教学实践的得力助手。

附录2 "三个助手"使用教程链接(小学科学)

"赛·课堂"是一个正在迅速生长的数字化教学系统,小学科学、中学物理、中学化学等学科系统的界面和功能有所不同。不同学科使用的"赛·课堂"功能都在不断丰富,界面和操作在不断更新。

扫描右侧二维码，可了解小学科学所使用系统的主要功能和使用要点，阅览系统"备课助手"教学资源使用、"备课助手"数字教学课件制作、"教学助手"使用和"作业助手"使用等相关视频教程。

附录3　细化课时教学设计的案例

本附录提供细化课时教学设计的三个案例，含教学设计和课例点评。三个课例的基本信息及课例教学视频链接二维码见下表。

课例序号	课例名称	执教者单位及姓名	课例教学视频链接
1	船的漂浮	上海市青浦瀚文小学　顾玲梅	
2	声音的变化	上海市闸北田家炳小学　贺云飞	
3	斜面	上海市闵行区七宝镇明强小学　刘依婷	

课例1　船的漂浮

一、教学设计

（一）教学任务分析

《船的漂浮》是沪远东版《自然》二年级第一学期第五单元《漂浮与下沉》的第3课时。《漂浮与下沉》单元的学习内容隶属于《教学基本要求》的主题7"运动和力"。本单元采取项目研究方式，将本学期《漂浮与下沉》《能量》两个单元的内容进行整合，形成"制作会漂浮、能行进的小船"项目。项目共有《物体的沉浮》《漂浮的充气圈》《船的漂浮》《制作会漂浮能行进的玩具船》4个课时。围绕核心问题"如何制作一艘会漂浮、能行进的小船"开展项目研究，认识物体在水中的沉浮现象和充气圈的作用，初步学会使用一些简单器材开展物体沉浮的实验，并综合应用学科知识与技能进行工程实践，完成一艘会漂浮、能行进小船的制作。本节课是在该项目前两节课学习的基础上，探知更多使物体能安全漂浮的方法，并为下一课制作会漂浮、能行进的小船做好铺垫，打开学生的设计思路。

本节课的学习以物体在水中有沉有浮、充气的空气圈可以帮助物体漂浮等知识为基础，需要具备观察、简单动手制作等基本技能。

在学习本节课内容之前，所执教学生已经知道有些物体放入水中会漂浮，有些物体会下沉，充气的空气圈可以帮助物体漂浮；在日常生活中，学生对船的漂浮已经有一定的认知，但并未深入探究过船漂浮的原因；在能力水平上，学生已经具有简单的动手操作能力，设计方案和实施能力有较大的提升空间。

本节课的教学，首先通过"让橡皮泥浮在水面上"的任务，引导学生改变橡皮泥的形状，使原本下沉的橡皮泥能漂浮在水面上，由此联系到船虽然重，但是船体的形状帮助它能漂浮在水面上；然后，通过"让破损的小船不沉没"的任务，用隔板将船舱分隔成多个独立空间，以减少船舱进水，使破损的船不沉没，从而体会水密隔舱技术对提高船只航行安全性的作用，领略我国船舶发展的成就。

本节课的教学，以贴近学生生活的内容为载体，创造充分动手和体验的机会，发展学生的工程思维，增强互相合作与交流的意识，形成参与技术与工程实践的意识，感悟科学技术与人类的密切联系。

（二）教学目标

1. 通过完成"让橡皮泥浮在水面上"的任务，能利用数字技术记录所观察到的橡皮泥沉浮现象，归纳橡皮泥的形状特征，利用发散思维，与船的漂浮形成关联；知道改变形状能改变物体的沉浮；提高对比分析的能力。

2. 通过完成"让破损的小船不沉没"的任务，能结合实际问题提出可行方案，利用电子设计单进行简单设计，合作完成工程建造任务；形成参与技术与工程实践的意识，提高团队合作、模型建构、创造性解决问题的能力。

3. 通过观看"水密隔舱技术"的视频资料，知道水密隔舱可以提高船只航行的安全性；感受古代劳动人民的智慧，领略我国船舶发展的成就。

（三）教学重点与难点

重点：改变形状能改变物体的沉浮。

难点：分隔船舱，使破损的小船不沉没。

（四）教学资源

1. 学生活动资源：橡皮泥、水盆、不锈钢船舱模型、隔板、防水胶泥和平板电脑等。

2. 教师演示资源：橡皮泥、水盆、不锈钢船舱模型和平板电脑等。

3. 自制数字课件、电子活动任务单和"赛·课堂"教学系统等。

（五）教学设计思路

本节课的主要内容包括两个方面：一是改变形状能改变物体的沉浮，二是水密隔舱技术能提高船只航行的安全性。

本节课的基本思路：一是"任务驱动，解开船漂浮的秘密"，首先挑战"让橡皮泥浮在水面上"的任务，尝试借助橡皮泥，让原先沉入水中的橡皮泥浮起来，并发现改变形状可以改变物体的沉浮状态，再与钢铁铸成的船只建立起联系，发现船漂浮的秘密——船体的形状能帮助船漂浮；二是"问题解决，探寻船不沉没的办法"，挑战"让破损的小船不沉没"的任务，为船舱添加隔板，改变船舱的结构，使船体破损后的小船依然能浮在水面上，并通过"水密隔舱"技术的视频介绍，认识"水密隔舱"技术的发明过程和对船只航行安全的重要性，感受我国古代劳动人民的智慧。

本节课要突出的重点：改变形状能改变物体的沉浮。方法一：实践悟方法。通过任务驱动的形式，完成"让橡皮泥浮在水面上"的挑战任务。学生动手实践改变橡皮泥的形状并将其放入水中，观察其沉浮情况，在失败中分析原因，不断尝试改进，总结出让橡皮泥浮在水面上的方法。方法二：技术助交流。借助"赛·课堂"，记录各小组任务完成情况。根据小组上传的活动记录，依次请有成功经验的小组和未成功小组进行有层次的交流，充分借助课堂生成资源总结失败的原因及成功的经验，充分认识到只要将橡皮泥捏成内部中空、宽宽大大的形状，就能帮助它浮在水面上。

本节课要突破的难点：分隔船舱，使破损的小船不沉没。方法一：创设任务，激发兴趣。通过挑战"让破损的小船不沉没"的任务，激发学生改进船舱结构的兴趣。方法二：借力技术，呈现思维。借助"赛·课堂"，完成对船舱的改进设计，通过教室端电子大屏幕呈现小组的设计图，使学生的工程设计思维可视化，并增强各小组间设计交流的有效性和针对性。方法三：优化材料，方便操作。隔板和船体之间要方便黏合且黏合牢固，才能节约操作时间，提升成功率。因此，船舱隔板材料采用软塑料板，两侧包裹防撞条，既方便学生安装，又具有很好的防渗水作用。学生只需利用防水胶泥将隔板底部与船舱底部黏合起来即可，降低了操作难度，减少了操作时间。

本节课的教学特色：（1）技术助力，降低设计难度，提升思维深度。在设计船舱隔板环节，采用了"赛·课堂"中的"拖一拖"功能，学生只需在船体设计图上拖拽隔板,将不同数量的隔板移动至想要安装的位置,即可实现自己的设计想法。这一方法大大降低了低年段学生设计的难度,同时,方便的设计操作给予学生更广阔的设计空间,发展了学生的设计思维。(2)证据支撑,加强指导与交流的针对性和有效性。挑战任务的过程性记录,均是在"赛•课堂"中完成。教师可以根据学生的上传情况,实时了解各个小组的活动进展,采取有针对性的指导;在交流过程中,通过视频回放帮助学生回顾完整的活动过程,弥补语言组织上的不足,并且给予充分的证据支撑,提升交流的有效性。

(六)教学流程

1. 教学流程图

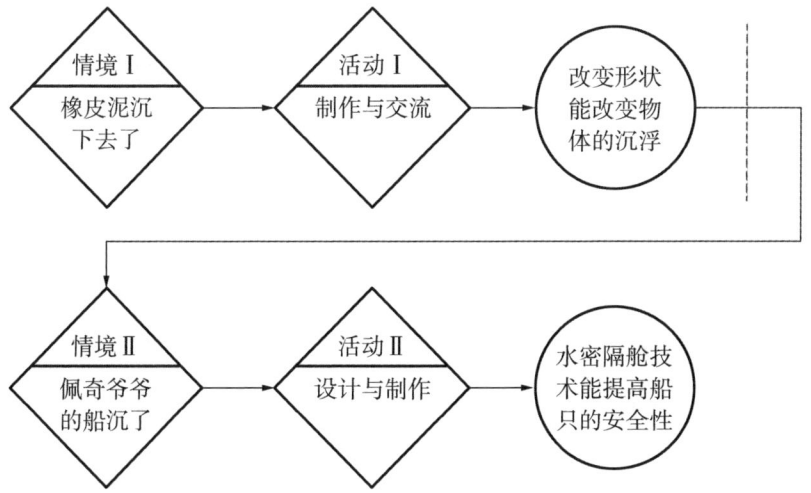

2. 流程图说明

情境Ⅰ 橡皮泥沉下去了

演示将橡皮泥放入水中的过程,引出挑战任务一"让橡皮泥漂浮在水面上"。

活动Ⅰ 制作与交流

交流并确定"让橡皮泥浮在水面上"的方案,根据方案开展制作,发现改变橡皮泥的形状能改变其沉浮状态,并与钢铁铸造的船只建立联系,分析得出船体的形状能帮助船漂浮,形成"改变形状能改变物体的沉浮"的结论。

情境Ⅱ 佩奇爷爷的船沉了

播放动画并演示船舱进水过程,引出挑战任务二"让破损的小船不沉没"。

活动Ⅱ　设计与制作

交流并确定"让破损的小船不沉没"的方案，完成改造船舱结构的设计图，根据设计方案开展制作，对比测试结果，发现隔板越多船越不容易沉没。观看视频资料，知道"水密隔舱"技术的作用，感受我国古代劳动人民的智慧。

3. 教学主要环节

本节课可分为两个主要的教学环节。

第一环节，让橡皮泥漂浮在水面上。由"橡皮泥球沉了"的情境引入，引发"怎样让橡皮泥浮在水面上"的思考。交流方案并开展制作，记录橡皮泥在水中的沉浮状态。将橡皮泥的形状与钢铁铸成的船只建立联系，分析出船能浮于水面的原因，并形成"改变形状能改变物体的沉浮"的结论。

第二环节，让破损的小船不沉没。由动画情境引入，引发思考"怎样让破了洞的小船不沉没"。交流方案并开展设计与制作，记录模型船在水中的沉浮状态。对比结果，分析得出船舱隔板越多船越不容易沉没，并通过资料学习知道水密隔舱技术能提高船航行时的安全性。

（七）教学过程

活动Ⅰ：让橡皮泥浮在水面上

学生活动	指导要点
1. 观察与思考： （1）观察：橡皮泥球放入水中后，球的沉浮状态。 （2）思考：怎样让橡皮泥浮在水面上？ 2. 交流并确定方案：改变橡皮泥的形状，使其浮在水面。 3. 实施方案： （1）明确活动要求。	* 演示将橡皮泥球放入水中，引导学生观察橡皮泥球的沉浮状态，并以问题"怎样让橡皮泥浮在水面上"引发学生思考。 * 引导学生利用"赛·课堂"的学生评价功能，通过学习评价单，从"探究实践"和"态度责任"两个维度实施评价，明确操作要求，提高活动效率。
（2）制作：尝试改变橡皮泥的形状，使橡皮泥浮在水面上。	* 引导学生利用"赛·课堂"的拍摄记录功能，记录橡皮泥在水中的沉浮状态，以及最终的沉浮结果。根据教师端学生记录的上传情况，关注各小组的活动进程。

(续表)

学生活动	指导要点
（3）交流结果：根据测试情况，交流让橡皮泥浮在水面上的方法。 （4）分析归纳：改变橡皮泥的形状，能改变它的沉浮状态。 4. 思考与交流：钢铁铸造的轮船为什么能漂浮在水面上？ 5. 活动小结：改变形状能改变物体的沉浮。	* 展示各小组的任务完成情况，引导学生交流失败原因和成功经验。 * 引导学生对比分析浮于水面的橡皮泥在形状上的共同特点，得出橡皮泥浮于水面的原因。 * 以问题引导学生在橡皮泥和钢铁之间建立联系，发现船能浮在水面上是由于船体形状的特点，并形成结论"改变形状能改变物体的沉浮"。

活动Ⅱ：让破损的小船不沉没

学生活动	指导要点
1. 观察与思考： （1）观看视频：佩奇爷爷的船撞破后沉了。 （2）观察：船舱进水过程。 （3）思考：怎样让破了洞的小船不沉没？ （4）交流：分隔船舱，形成多个独立空间，减少船舱进水量。 2. 设计方案：在船舱结构图上开展设计，为船舱添加隔板，并交流设计意图。 3. 实施方案： （1）明确材料用法。 （2）明确活动要求。	* 利用动画视频创设情境，并以问题"怎样让破了洞的小船不沉没"引发学生思考。 * 引导学生观察不锈钢小船下沉时的状态，通过对问题的思考与交流，发现船舱内进水积累到一定程度后才会下沉，以此帮助学生联想到可以将船舱分隔成几个独立空间，阻止水向船舱四周漫延。 * 引导学生利用"赛·课堂"的"拖一拖"功能，将"材料超市"中的隔板按照自己的设计意图拖拽到船舱结构图上，并就隔板安装的位置和数量加以说明。 * 借助视频指导学生如何正确使用材料。 * 引导学生利用"赛·课堂"的"学生评价"功能，通过学习评价单，从"探究实践"和"态度责任"两个维度开展评价，明确操作要求，提高活动效率。

（续表）

学生活动	指导要点
（3）制作：利用隔板和防水胶泥分隔船舱，使有破洞的小船不沉没。 （4）交流结果：根据测试结果，反馈船的沉浮情况。 （5）比较与分析：对比不同的测试结果，发现船舱隔板越多船越不容易沉没。 4. 观察与交流： （1）观看视频资料：水密隔舱技术。 （2）思考：水密隔舱对船只航行起到怎样的作用？ 5. 活动小结：水密隔舱这项技术的出现，有效提高了船舶航海的安全性。 6. 课堂小结。	* 引导学生利用"赛·课堂"的拍摄记录功能，记录改造后的模型船在水中的沉浮状态，以及最终的沉浮结果。根据记录上传情况，关注各小组的活动进程。 * 展示各小组的任务完成情况，引导学生总结过程中遇到的问题及如何解决问题。 * 选取不同的船舱设计，对比测试结果，引导学生观察水位线的位置，发现隔板数量与船舱内进水量之间的关系。 * 借助视频资料，帮助学生认识"水密隔舱"技术及其对船只航行安全的重要性，感受我国古代劳动人民的智慧。

（八）板书设计

> 船的漂浮
> 改变形状能改变物体的沉浮状态
> 水密隔舱可以提高船的安全性

（九）活动任务单设计（在"赛·课堂"教学系统上呈现）

活动Ⅰ：让橡皮泥浮在水面上

1. 活动记录：拍摄视频，记录橡皮泥在水中的状态，并记录沉浮结果。

让橡皮泥浮在水面上 ⬆⬇		
挑战次数	拍摄记录	挑战结果
1	📹 录视频	
2	📹 录视频	
3	📹 录视频	

2. 活动评价：教师评价

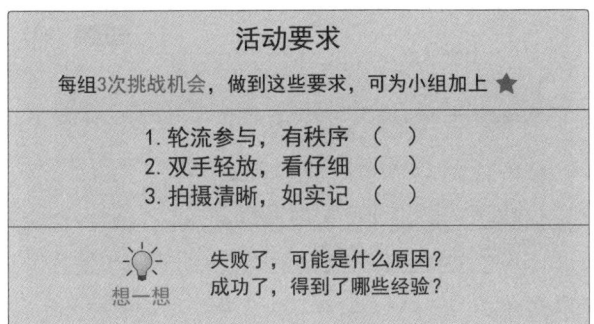

活动Ⅱ：让破损的小船不沉没

1. 设 计：利用"拖一拖"的方式，将隔板拖到想要安装的位置，完成改造船舱设计图。

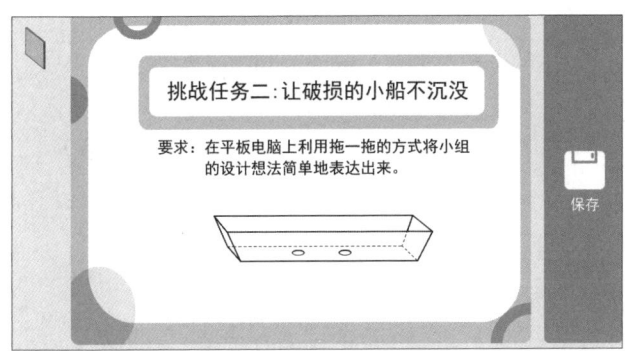

2. 活动记录：拍摄视频，记录模型船在水中的状态，并记录沉浮结果。

让破损的小船不沉没 ⬆⬇		
挑战次数	拍摄记录	挑战结果
1	录视频	
2	录视频	
3	录视频	

3. 学习评价单

评价维度	活动要求	达成情况
合作	分工合作，有默契	★
	多次尝试，不放弃	★
操作	隔板密封，不漏水	★
记录	拍摄清晰，如实记录	★

动动小手，为自己点亮小星星！

组1　3.3 学生自评

（备注：若达成评价要求，请在"达成情况"一栏里将星星点亮）

二、课例点评

2019年12月，市教研室委托上海市青浦区教师进修学院开展"上海市小学科学技术与工程实践活动案例研发"的项目研究，积极呼应小学科学突出技术与工程领域科学实践的发展动态。上海市青浦区小学科学教研团队深入研究与实践，出版《小学科学技术与工程项目学习设计指南》。《船的漂浮》一课，是团队研究的众多课例中的一个，代表上海参加了2022年全国小学科学优质课展示活动。本节课体现出以下特点。

1. 重组单元，工程实践项目化

在新教材还没有使用之前，为强化技术与工程实践，对原有教材进行单元重组是一种比较适合与有效的推进思路。为此，顾老师将教材中《漂浮与下沉》和《能量》两个单元整合，采用项目研究方式，并将核心问题确定为"如何制作一艘会漂浮、能行进的小船"。首先，选择做小船的材料；其次，解决小船载重和安全问题；最后，研究小船如何行进。围绕项目核心问题形成问题链，激发学生从船的材料、结构、安全性和动力等角度思考"如何制作一艘会漂浮、能行进的小船"。上课过程中，学生学习过程资料均可以留存在电子学习档案之中，可以随时查看和作为单元学习成果评价的内容。

2. 分解任务，工程思维结构化

为解决让小船安全地漂浮在水面上的问题，顾老师将问题分解为"让橡皮泥浮在水面上"和"让破损的小船不沉没"两个子任务。任务一"让橡皮泥浮在水面上",组织学生经历三次挑战。借助教师搭建的数据支架,各小组记录任务挑战情况。通过失败经验和成功经验的比较,在科学证据的支持下,发现让橡皮泥浮在水面上的秘密。任务二"让破损的小船不沉没",组织学生小组合作改造船舱结构,并理解"水密隔舱"的作用。在教师搭建的设计、数据和评价等组合式学习支架的支持下,学生亲历"明确问题、设计方案、搭建模型、测试评估"等实践过程,经历从两个分隔舱到四个分隔舱乃至更多分隔舱的思维过程,既是反复测试、评估与优化的过程,也是模型建构的过程;同时,发展了学生以口述、画图等方式表达自己想法的工程思维能力。

3. 技术赋能,设计思维可视化

本节课,数字技术全方位支持学生设计能力和证据意识的提升,学生设计思维可视化,显著提升了教师的教学效率、学生的学习质量和环境的支持功效。以任务二为例,学生对船舱结构的分隔设计,是在教师搭建的设计支架上操作的;全班所有小组的设计图通过教师搭建的数据支架实时呈现在教室端电子大屏幕上,实现了学生设计思维可视化,借助对全班数据的分析和交流找出亮点及不足,并优化方案。在搭建模型后,学生进行测试,拍摄视频记录测试效果,其间又经历多次调试,不断优化,最终上传三次实验的视频并判定沉浮结果。在交流过程中,通过视频回放帮助学生回顾完整的活动过程,给予充分的证据支撑,既提升了交流的有效性,也提升了学生的科学证据意识。

课例2 声音的变化

一、教学设计

(一) 教学任务分析

《声音的变化》是沪远东版《自然》三年级第一学期第五单元《无处不在的声音》的第4课时。《无处不在的声音》单元学习内容隶属于《教学基本要求》的主题8 "能与能的转化"。本单元的学习以声音为研究对象,通过观察、实验、体验和调查等活动,认识声音的产生、传播及变化,学会用多种观察方法有序开展与声音有关的实验探究,激发对声音学习的兴趣与探究动力,形成主动减少噪声的意识。本单元是在一年级第一学期《声音和听觉》单元的学习基础上,进一步认识声音的产生与传播，为四年级第二学期《感觉》单元学习耳朵的主要构造和听觉的产生过程奠定基础。《无处不在的声音》单元共有《物体的振动产生声音》《声音的传播》《声音传递信息》《声音的变化》《回声》《烦人的声音》6个课时。本节课通过实验探究比较声音的轻响与高低，为后续课时继续学习声音的传播提供认知基础与思想方法。

本节课的学习以声音有轻响和高低之分等知识为基础，需要具备运用多种感官观察比较等基本的探究技能。

在学习本节课内容之前，所执教学生能说出并辨认出声音轻响和高低的不同，但他们往往会忽略声音轻响和高低变化的原因；在能力水平上，学生已经具有运用多种方法开展实验探究的意识，但是运用证据与结论对所探究问题作出合理解释的能力还有较大的提升空间。

本节课的教学，首先以合唱歌曲为情境导入，激发学生探究新知的兴趣；然后，猜想声音轻响和高低同发声体振动之间的关系，引导学生开展与声音变化有关的实验探究，知道发声体振动快慢的变化会改变声音的高低，知道发声体振动幅度的变化会改变声音的轻响，知道距离发声体远近的变化也会改变声音的轻响；最后，能应用所学解释乐器发出声音变化的原因，认识乐器发出声音变化的原因，提高运用所学解决问题的能力。

本节课的教学以问题驱动科学思维，以科学探究为核心，贴近学生的生活实际，引导学生探究声音的变化与发声体之间的关系，解释乐器发出声音变化的原因，激发学生对声音探究的兴趣，感悟声音世界的奇妙。

（二）教学目标

1. 通过"比较声音的轻响与高低"的活动，能结合生活经验发现并提出与声音变化有关的猜想，运用麦克风、扬声器和DIS声波声级软件等实验装置开展实验，搜集证据，经历数字化记录、分析归纳形成结论的过程；知道发声体振动快慢的变化会改变声音的高低，知道发声体振动幅度的变化会改变声音的轻响，知道距离发声体远近的变化会改变声音的轻响；感悟合作学习的重要性，激发进一步学习声音知识的兴趣。

2. 通过"认识乐器发出声音的变化"的活动，能在电子阅读任务单中筛选、整合相关信息，运用探究声音变化所形成的科学知识对乐器发声作出合理的解释；知道乐器发出声音的变化和乐器的结构有关；提升数字获取和利用等数字意识，提高运用所学解决问题的能力。

（三）教学重点和难点

重、难点：声音的变化与发声体振动的幅度、快慢有关。

（四）教学资源

1. 学生活动器材：麦克风、扬声器、隔音箱和平板电脑等。
2. 教师演示资源：麦克风、扬声器、隔音箱和平板电脑等。
3. 自制数字课件、电子活动任务单和"赛·课堂"教学系统等。

（五）教学设计思路

本节课的内容包括两个方面：一是比较声音的轻响与高低，二是认识乐器发出声音的变化。

本节课的基本思路：首先，组织学生合唱歌曲，复习回顾声音有轻响和高低之分；接着，引导学生聆听4种不同的声音，交流声音之间的区别，引发探究问题"不同轻响、高低的声音，发声体振动的幅度、快慢是否相同"；然后，引导学生经历作出猜想、搜集证据、分析现象和归纳结论的探究过程；最后，通过"认识乐器发出声音的变化"活动，引导学生阅读资料，运用探究声音变化所形成的科学知识，对乐器发出声音的变化作出合理解释，进一步认识声音的变化。

本节课要突出的重点和要突破的难点：声音的变化与发声体振动的幅度、快慢有关。方法一：联系生活，合理猜想。引导学生基于观察和生活经验，感受唱歌时喉咙振动的变化，思考"不同轻响、高低的声音，发声体振动的幅度、快慢是否相同"；在作出猜想时，引导学生表达相关的依据。方法二：创新手段，合作探究。借助"赛·课堂"教学系统"实验操作"中的DIS声波声级软件和具有隔音效果的创新实验器材，引导学生合作实验，收集轻响、高低不同的声音的振动图像，为学生证明观点提供清晰、精准的客观证据；借助"赛·课堂"教学系统"实验功能"为学生提供可随时调阅的实验操作手册，确保学生实验过程完整、连贯的同时，也保证学生实验操作正确，帮助学生获取有效的实验证据。方法三：图像对比，分析归纳。引导学生根据轻响、高低不同声音产生的振动图像，对振动图像进行宽和窄、疏和密的对比，分析归纳得出发声体振动快慢的变化会改变声音的高低，发声体振动幅度的变化会改变声音的轻响，从而验证猜想。

本节课的教学特色：① 数字技术赋能科学课堂活动。借助蓝牙技术开展验证实验，降低学生实验的难度；数据以振动图像的形式呈现，丰富科学证据类型，从而形成对声音变化较为全面的认识；教师端、学生端和教室端，三端共联、数据互通，课堂师生数据的实时交互变得无声且高效，从而提高课堂教学的效益。② 实验创新丰富科学探究。开发与改造实验设备，将以往教师演示实验转变为所有学生均可操作的自主实验。在隔音实验箱内，放置麦克风和扬声器，保证实验在隔音环境下完成，避免了不同小组之间声音的干扰；借助蓝牙技术连接麦克风和扬声器，学生能远程操作完成实验，借助蓝牙技术使扬声器播放声音，利用麦克风检测扬声器播放声音所产生的振动，同时将其转换成图像显示在平板电脑上，学生分析图像，从而验证猜想。将演示实验转变为学生实验，既丰富了学生的学习体验，又使学生的科学思维在科学探究中呈现和发展。

（六）教学流程

1. 教学流程图

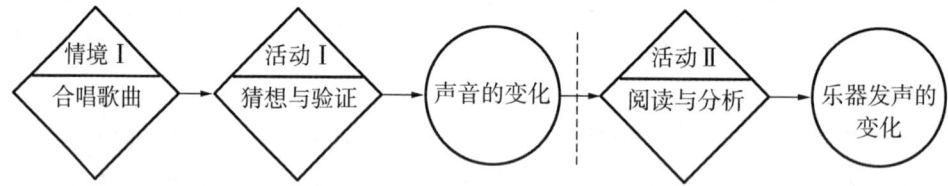

2. 流程图说明

情境Ⅰ　合唱歌曲

合唱歌曲《小星星》，感受声带的变化，引出课题。

活动Ⅰ　猜想与验证：比较声音的轻响与高低

结合生活经验作出猜想，开展实验验证，经历搜集证据、分析现象和归纳结论的探究过程，形成声音变化与发声体振动幅度、快慢有关的结论；通过进一步分析发现问题，观察声音轻响与发声体距离远近关系的演示，得出声音的轻响还和距离发声体的远近有关。

活动Ⅱ　阅读与分析：认识乐器的发声方式

阅读资料，了解乐器发出声音的变化和乐器的结构有关，进一步认识声音的变化。

3. 教学主要环节

本节课可分为两个主要的教学环节。

第一环节，比较声音的轻响与高低。合唱歌曲《小星星》，对声音变化的可能原因作出猜想；开展实验验证和交流分析，形成结论，得出"发声体振动快慢的变化会改变声音的高低"和"发声体振动幅度的变化会改变声音的轻响"的结论；通过对数据的进一步质疑，得出"距离发声体远近的变化会改变声音的轻响"的结论。

第二环节，认识乐器的发声方式。阅读搜证，形成结论，知道乐器发出声音的变化和乐器的结构有关。

（七）教学过程

活动Ⅰ：比较声音的轻响与高低

学生活动	指导要点
1. 体验与交流： （1）体验：合唱歌曲《小星星》。 （2）交流：刚才演唱时，你有什么感受？ 2. 聆听与思考： （1）聆听：两组不同的声音。 （2）交流：声音之间的区别。 （3）思考：不同轻响、高低的声音，发声体振动幅度、快慢是否相同？ （4）作出猜想：① 发声体振动的幅度会影响声音的轻响；② 发声体振动的快慢会影响声音的高低。 3. 验证猜想： （1）认识实验器材。 （2）明确活动要求。	* 创设生活化的情境，组织学生合唱歌曲，同时将手指放在喉咙处进行感受，引发学生对振动与声音关系的思考。 * 借助两组不同的声音，通过"比一比，它们有什么不同"的问题，引导学生比较声音之间的区别，思考问题"不同轻响、高低的声音，发声体振动幅度、快慢是否相同"。 * 在学生猜想的过程中，引导学生表达相关的依据。 * 出示并介绍麦克风、扬声器的作用：扬声器用于播放声音，麦克风用于检测扬声器播放声音所产生的振动，并将其转换成图像显示在平板电脑上。 * 适时引出隔音箱，重点引导学生关注实验中必须保持安静。 * 组织学生阅读实验要求，借助"赛·课堂"的"学生阅读"功能，提供给学生实验操作手册，引导学生自学实验操作方法和要求，再次强调实验中要保持安静。

（续表）

学生活动	指导要点
（3）搜集证据：以小组为单位，在"赛·课堂"支持下，借助麦克风、扬声器和隔音箱开展实验，记录振动图像。 （4）分析归纳：分析实验数据与现象，形成小组实验结论。 （5）大组交流：分析全班各小组汇总的数据，得出"① 发声体振动幅度的变化会改变声音的轻响；② 发声体振动快慢的变化会改变声音的高低"的结论。 4. 深入探究： （1）发现问题：轻响程度一样的声音，振动图像中显示的振幅却不同。 （2）观察演示：探究声音轻响与发声体距离远近的关系。 （3）交流与归纳：声音的轻响还和距离发声体的远近有关。 5. 活动小结：（1）发声体振动幅度的变化会改变声音的轻响；（2）发声体距离的变化会改变声音的轻响；（3）发声体振动快慢的变化会改变声音的高低。	* 出示本次实验需要分析的特殊数据——"赛·课堂"采集到的振动图像，解释振动图像的宽和窄可以表示振动的幅度，疏和密可以表示振动的快慢。 * 借助"赛·课堂"的"实验操作"功能，搜集证据，小组合作交流、分析振动图像，得出结论。 * 利用"赛·课堂"的"学生评价"功能，通过学习评价单，从探究实践和态度责任两个维度开展评价。 * 借助"赛·课堂"的"教师评价"功能，从探究实践和态度责任两个维度开展评价，通过评价弹幕，随时提醒学生遵守实验要求。 * 借助"赛·课堂"的"数据展示"功能，调取学生实验所收集的振动图像，引导学生结合振动图像交流探究的结果。 * 借助"赛·课堂"的"结论汇总"功能，组织学生了解全班各小组的实验结论，引导学生从特殊到一般，形成普遍结论，加深对声音变化的认识。 * 借助"赛·课堂"的"数据展示"功能，调取学生实验所收集的振动图像，引导学生对不同小组的数据进行质疑，发现不同小组实验设备距离的差异，思考问题"还有什么因素会影响听到声音的轻响"。 * 组织学生仔细观察演示实验，搜集、调取"赛·课堂"演示实验的振动图像，交流分析振动图像，思考声音轻响与发声体距离远近的关系，从而得出结论。

活动Ⅱ：认识乐器发出声音的变化

学生活动	指导要点
1. 观察与交流：乐器发出声音的变化。 （1）阅读：不同乐器声音变化的原因。 （2）作业：调查共鸣箱的作用。 2. 活动小结：乐器发出声音的变化和乐器的结构有关。 3. 课堂评价反馈。 4. 课堂小结： （1）发声体振动幅度的变化会改变声音的轻响，发声体距离的变化会改变声音的轻响，发声体振动快慢的变化会改变声音的高低。 （2）乐器发出声音的变化和乐器的结构有关。	* 借助"赛·课堂"的"学生阅读"功能，组织学生自主阅读，引导学生认识乐器发出声音的变化的原因，依据阅读资料介绍不同乐器的发声原理，思考乐器发出声音的变化和乐器结构的关系。 * 借助"赛·课堂"的"作业助手"功能，布置课外探究作业，引导学生借助所学知识介绍乐器的发声方式和发声原理。 * 利用"赛·课堂"的"课堂评价"功能，汇总展示学生自评和教师即时评价的结果，引导学生反思总结，肯定与鼓励学生。

（八）板书设计

（九）活动任务单设计（在"赛·课堂"教学系统上呈现）

活动Ⅰ：比较声音的轻响与高低

1. 学生阅读：实验操作手册

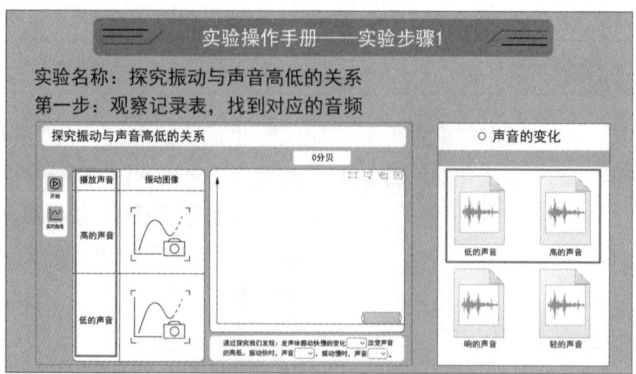

2. 实验操作：探究振动与声音轻响的关系

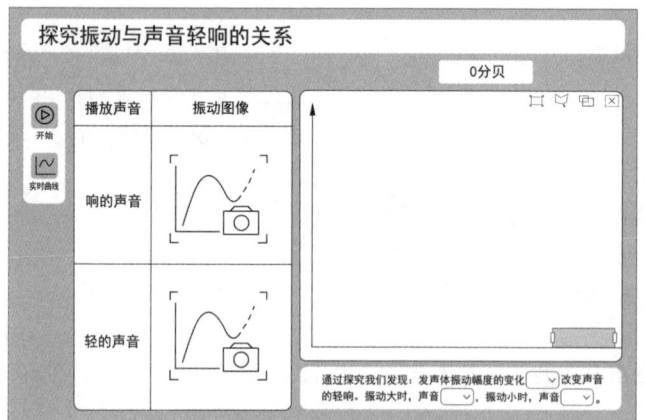

3. 实验操作：探究振动与声音高低的关系

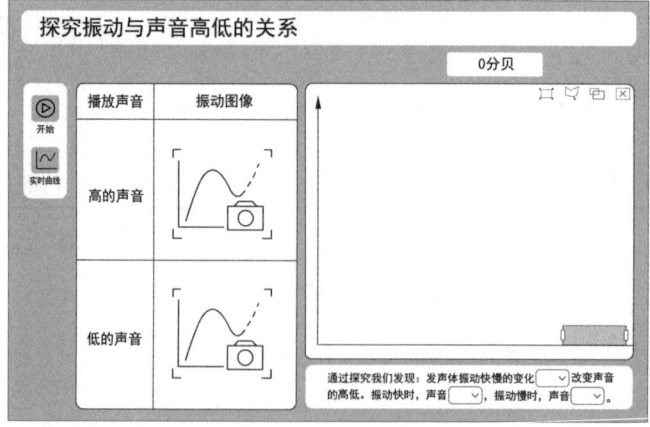

4. 学习评价单

评价维度	具体要求	达成情况
合作	实验前：默读操作手册	☆
合作	实验时：合作完成实验	☆
合作	实验后：共同分析归纳	☆
实践	实验前：确定播放音频	☆
实践	实验时：时刻保持安静	☆
实践	实验后：得出正确结论	☆

（备注：若达成评价要求，请在"达成情况"栏里将星星点亮）

活动Ⅱ：认识乐器的发声方式

学生阅读：弦鸣乐器和气鸣乐器

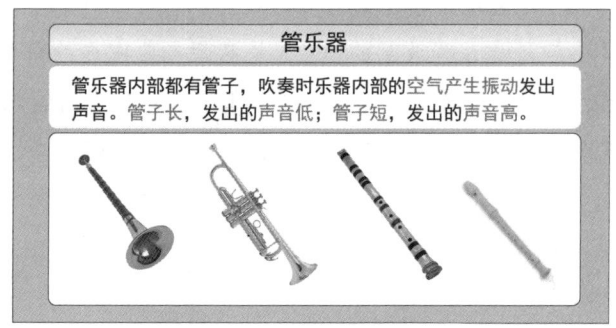

二、课例点评

本节课，贺老师创设情境引导学生经历比较声音的轻响与高低、认识乐器发出声音的变化两个科学探究任务，课堂上学生十分愉悦地接受学习任务，并在不断的探究实践过程中建构科学观念、发展科学思维和提升态度责任，教学目标顺利达成。本节课凸显科学课程特色，彰显实验创新优势，尽显数字赋能功效，入选 2023 年"全国中小学实验教学精品课"。

1. 基于数字技术，创新实验教学资源

贺老师自制的"隔音实验箱"学具，借助蓝牙技术连接麦克风和扬声器，学生能远程操作完成实验，蓝牙使扬声器播放声音，利用麦克风检测扬声器播放声音所产生的振动。同时,借助"赛·课堂"教学系统"实验操作"中的DIS声波声级软件,将振动转换成图像显示在学生端平板电脑上,学生分析图像,从而验证猜想。这一学具可以保证实验在隔音环境下完成,避免了不同小组之间声音的干扰,将以往教师演示实验转变为所有学生均可操作的自主实验。

2. 优化教学过程,突出科学思维培育

在"赛·课堂"教学系统的支持下,基于"隔音实验箱"学具,贺老师创新实验过程,很好地突出了课堂教学的重点,突破了课堂教学的难点,为学生科学思维培育提供支持。教学中,贺老师引导学生基于课堂体验和生活经验,对"不同轻响、高低的声音,发声体振动的幅度、快慢是否相同"作出猜想,并表述相关的依据,发展科学推理能力;引导学生合作实验,收集轻响、高低不同的声音的振动图像,通过对精准、客观证据的分析与归纳,发展科学论证能力。在开展深度探究的同时,很好地提升了学生解决实际问题的能力。

3. 体现个人素养,展现科学课堂活力

实验创新是小学科学课程改革的需要,是教师专业发展的需要,是学生科学学习的需要,是小学科学教学永恒的话题。基于对课程标准的理解和数字化转型的认识,贺老师注重实验创新及其在教学中的融合应用,充分体现科学课堂的育人价值。课堂上贺老师表述清晰到位,拥有良好的课堂氛围,善于灵活运用数字化课堂实时生成的资源,与学生互动交流,提供学生充分的探究实践时空,充分展现科学课堂的活力和魅力。

小学科学实验创新的手段、方法很多,可以是像自制"隔音实验箱"学具这样的实验仪器或装置创新和实验数据采集或处理的创新,也可以是实验内容、实验原理、实验操作和实验评价的创新。上海小学科学教师基于数字技术的实验创新,已经突破了数字化实验原本只在搜集证据和处理信息两个方面的创新,小学科学实验教学呈现出更多元的手段和方法,为小学科学课堂教学质量提升带来无限可能。

课例3 斜面

一、教学设计

(一) 教学任务分析

《斜面》是沪科教版《自然》五年级第二学期第一单元《简单机械》的第1课

时。《简单机械》单元的学习内容隶属于《教学基本要求》的主题7"运动和力"。本单元的学习以简单机械为研究对象,通过观察、实验和体验等活动,认识不同机械的主要结构和作用,学会选择并规范使用测力计及其他实验器材开展探究活动,体会机械给人类生产和生活带来的便利,感悟科学对于技术的促进作用。本单元是在三年级《常见的力》《水和空气的压力》和四年级《杠杆与平衡》《重心与稳定性》等单元学习的基础上,进一步认识力的作用及其应用,为下一单元《动力玩具》的学习奠定基础。本单元共有《斜面》《杠杆》《滑轮》《轮轴》4个课时。本节课认识斜面的结构与作用,为学习其他几种简单机械的结构和作用提供认知基础及探究方法。

  本节课的学习,以力有大小和方向、会使用测力计测量力等知识与技能为基础,需要具备能根据观察到的现象进行猜想及假设、制订简单的探究计划、使用一些测量工具和实验仪器搜集证据、通过简单推理得出结论等科学探究的思想方法与技能。

  在学习本节课之前,所执教学生已经知道力有大小和方向,并学会使用测力计。在日常生活中,学生能通过使用各种"斜面"直观体验到"省力",也能在攀爬不同坡度的楼梯时感受到"省力"的差异,但往往会忽视"斜面"与"省力"之间的关系;在能力水平上,学生已经具有一定的实验能力,但小组合作完成复杂实验对于他们而言仍旧是较大的挑战。

  本节课的教学,首先以生活情境作为导入,引发学习兴趣;然后,实验探究利用斜面是否省力;接着,在对"高度相同、长度不同的斜面省力可能不同"这一猜想的基础上,进一步开展实验,比较使用不同斜面省力的多少;随后,讨论日常生活中斜面应用的实例,体会斜面给人类生产和生活带来的便利;最后,通过阅读和交流,认识南浦大桥浦西、浦东两侧引桥设计的差异,进一步扩充和发展对斜面的理解。

  本节课的教学,以层层递进的问题驱动学生的科学思维,以解决问题为指引,以科学探究为核心,引导学生运用证据分析和归纳斜面的作用,提升数据分析、验证猜想等计算思维能力;鼓励学生运用所学,针对实际问题提出新颖的见解与方案,提升创新思维能力,贴近学生的生活实际,回归真实生活,让学生充分体会科学来源于生活又服务于生活。

(二)教学目标

1. 通过"认识斜面结构和作用"活动,能结合生活经验与相关事实,有依据地作出合理的猜想，选择并规范使用数字测力计及其他实验器材，在电子活动任务单上记录实验的过程和结果，分析实验数据并归纳形成结论，提升归纳演绎的推理思维能力；知道斜面的结构和作用；养成严谨求实的科学态度。

2. 通过"探究不同斜面的作用"活动，能结合斜面的结构与作用等作出合理的猜想，在电子活动任务单上记录实验的过程和结果，运用分析与综合等思维方法归纳形成结论；知道坡度越小越省力；体会合作学习的重要性。

3. 通过"交流斜面应用实例"活动，能根据需求选择合适的斜面，对不同观点和方案进行质疑，提出独特见解和方案，提升创新思维能力；说出斜面在生产和生活中的一些应用实例；体会简单机械给人类生产和生活带来的便利。

（三）教学重点和难点

重点：斜面的结构与作用。

难点：人们会根据实际需求采用不同造型的斜面。

（四）教学资源

1. 学生活动资源：斜面装置、铁架台、带挂钩的小车、数字测力计、平板电脑和纸质版"实验操作指南"等。

2. 教师演示资源：斜面装置、铁架台、带挂钩的小车、数字测力计和平板电脑等。

3. 自制数字课件、电子活动任务单和"赛·课堂"教学系统等。

（五）教学设计思路

本节课的内容包括两个方面：一是斜面的结构和作用，二是斜面在生产和生活中的应用。

本节课的基本思路：首先，围绕校园中的常见场景——"搬运重物时在台阶上架设一块木板，可以方便搬运"，思考"为什么要架这块板"，作出"利用斜面可以省力"的猜想，并通过示意图认识斜面的结构；接着，开展实验来验证猜想，通过采集和分析数据，归纳得出"利用斜面可以省力"的结论；随后，给出三种长度的斜面修建方案，引发"根据学校的实际情况，哪个斜面修建方案更合适，为什么"的思考，作出"当高度相同时，斜面长度不同，省力多少不同"的猜想，并开展验证实验，通过采集和分析统计数据，归纳得出"坡度越小越省力"的结论，并基于结论再次交流与讨论哪种斜面修建方案最合理，认识到当高度一定时，较长的斜面省力但费距离，人们会综合考虑选择合适长度的斜面；最后，交流与讨论斜面在生活和生产中的应用，并以南浦大桥引桥为例，认识到斜面在生活和生产中有广泛的应用，人们会根据实际采用不同造型的斜面，兼顾省力和省地等多种因素。

本节课要突出的重点是斜面的结构与作用。方法一：优化装置，助力探究。在探究活动中，采用特制的斜面装置，配有具有一定质量的小车，斜面装置上的电动装置可连接测力计，使其可以匀速拉动小车，测出利用斜面拉动小车时用力的大小。该装置既简化了实验操作，又能确保实验数据的精准，助力学生开展探究活动，得出科学的结论。方法二：借助技术，助力分析。本节课中采用"赛·课堂"及数字测力计，学生使用数字化教学系统测力并记录数据；同时，数字化教学系统还可以将全班数据快速统计形成图示，学生能基于多组数据，综合分析得出科学的结论，并初步形成严谨求实的科学态度。

本节课要突破的难点是人们会根据实际需求采用不同造型的斜面。方法一：巧设情境，激发兴趣。以"校园中的斜面"为情境，贯穿整节课。活动Ⅰ中，以"木板有什么作用"这一问题引发学生对斜面作用的探究；活动Ⅱ中，"根据学校实际情况，哪个斜面修建方案更合适，为什么"的问题引发学生对不同斜面作用的探究，基于证据和实际情况，综合分析选出合适的斜面长度，并将探究所得结论与斜面的应用自然连接，引导学生理解斜面省力但费距离，在探究过程中体会科学技术与人类生活的密切联系。方法二：巧用实例，理解应用。依次以无障碍通道、旋转楼梯、盘山公路和南浦大桥引桥为例，从简单到复杂，引导学生了解生活中斜面的应用，并认识到人们会根据实际需求采用不同造型的斜面，兼顾省力和省地等多种因素。

本节课的教学特色：① 基于问题，促进科学思维发展。本节课围绕教学目标，设计了"为什么搬重物要利用斜面，斜面有什么作用""应该选择哪种长度的斜面""为什么南浦大桥浦西、浦东两侧引桥造型不同"等问题，层层细化，步步推进，学生经历作出假设、搜集证据并运用合理的证据对假设进行验证、分析与归纳，从而解释问题和建构概念系列过程，模型建构、推理论证和创新思维等思维水平得以发展。② 优选设备，助力开展科学探究。本节课共有两个探究实验活动，其中的实验操作对学生而言有一定难度，因此选用便于操作的实验设备、数字传感器及"赛·课堂"教学系统，配合使用，既降低实验操作的难度，又提高实验数据的精准度。③ 关注评价，提升自主学习能力。本节课关注发挥评价促进学习的作用,将学生自评与活动要求合二为一,利用"赛·课堂"使评价始终伴随学生的课堂学习活动;教师评价和小组自评等多种评价通过"赛·课堂"实时呈现与反馈,有效地指引学生明确学习目标,选择学习方法,反思学习过程与结果,提升自主学习能力。

（六）教学流程

1. 教学流程图

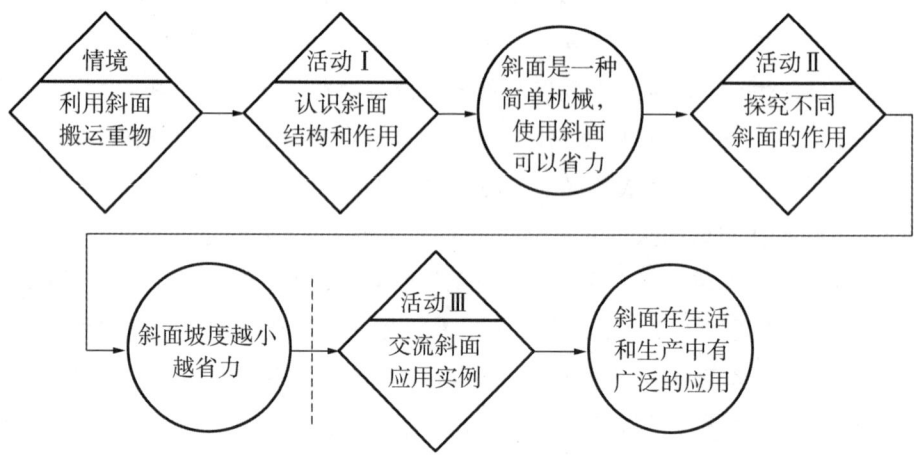

2. 流程图说明

情境　利用斜面搬运重物

观察校园中的常见情境"搬运重物时在台阶上架设一块木板,可以方便搬运",讨论斜面有什么作用,知道像架设在台阶上的木板一样,与水平面形成倾斜角度的平面称作斜面。

活动Ⅰ　认识斜面结构和作用

利用数字测力计,测量直接提起重物和利用斜面提起重物时所需力的大小,通过采集数据和分析统计数据,归纳得出"利用斜面可以省力"的结论。

活动Ⅱ　探究不同斜面的作用

利用数字测力计测量在高度相同、长度不同的斜面上提起重物时所需力的大小,通过采集数据和分析统计数据,归纳得出"斜面坡度越小越省力"的结论。

活动Ⅲ　交流斜面应用实例

以南浦大桥为例,思考"为什么南浦大桥浦西、浦东两侧引桥造型不同",认识到斜面在生活和生产中有广泛的应用，人们会根据实际需求，采用不同造型的斜面，兼顾省力和省地等多种因素。

3. 教学主要环节

本节课可分为两个主要的教学环节。

第一环节，认识斜面的结构与作用。从利用斜面搬运重物的校园真实情境出发，认识斜面，并分别对斜面是否省力和相同高度不同长度斜面的作用作出猜想，开展探究实验，收集数据并统计分析，认识利用斜面可以省力，坡度越小越省力。

第二环节，交流斜面应用实例。交流并分析生活中斜面应用的实例，认识斜面在人类生产和生活中有广泛的应用，人们会根据实际需求采用不同造型的斜面。

（七）教学过程

活动Ⅰ：认识斜面结构和作用

学生活动	指导要点
1. 观察与讨论： （1）观察：校园常见场景"搬运重物时在台阶上架设一块木板，可以方便搬运"。 （2）讨论：为什么要架这块板？有什么用？ （3）观察：学生代表体验直接搬运重物和利用架设的木板来搬运重物。 2. 探究利用斜面是否省力： （1）观察：教师演示斜面装置的使用方法。 （2）交流：根据实验材料如何开展实验。 （3）明确探究活动要求。	* 以"木板有什么作用"这一问题引导学生思考，并作出"斜面可能省力"的猜想。 * 引导学生关注操作规范，为后续实验做好铺垫。 * 利用"赛·课堂"的"学生评价"功能，通过学习评价单，引导学生从科学思维、探究实践、科学观念、态度责任等四个维度开展评价，同时明确实验操作要求。播放演示视频，进一步引导学生明确活动要求，主要包括：合理分工，即小组四人可分别担任准备员、清零员、记录员和操作员，各司其职合作实验；规范实验，即测量前测力计须清零，并在小车缓慢、平稳地运动时完成计数等。

(续表)

学生活动	指导要点
（4）实验操作：利用数字测力计，测量直接提起重物和利用斜面提起重物时所需力的大小。 （5）分析归纳：分析"赛·课堂"呈现的汇总和统计数据，归纳得出结论。 3. 活动小结：（1）斜面是一种简单机械；（2）利用斜面能省力。	* 提供纸质版"实验操作指南"，为有需要的学生提供实验指导；引导学生利用"赛·课堂"采集实验数据。 * 利用"赛·课堂"统计全班数据，形成折线统计图，以"分析数据，利用斜面是否可以省力"这一问题引导学生分析数据，得出结论。

活动Ⅱ：探究不同斜面的作用

学生活动	指导要点
1. 交流与讨论：在三种斜面修建方案（斜面长度分别为1米、1.5米、2米）中，挑选合适的方案。 2. 探究不同斜面的作用： （1）学习调整斜面长度的方法。 （2）明确探究活动要求。 （3）实验操作：利用数字测力计测量在高度相同、长度不同的斜面上拉动重物时所需力的大小。 （4）分析归纳：分析"赛·课堂"呈现的汇总和统计数据，归纳得出结论。 3. 活动小结：斜面坡度越小越省力。	* 以"根据学校实际情况，哪个斜面修建方案更合适，为什么"这个问题引导学生开展讨论，并作出"利用不同斜面，省力情况可能不同"的猜想。 * 演示实验操作，指导学生如何在保证高度不变的情况下调整斜面长度。 * 利用"赛·课堂"的"学生评价"功能，通过学习评价单，引导学生从科学思维、科学观念、探究实践、责任态度等四个维度开展评价，同时明确实验操作要求。 * 提供纸质版"实验操作指南"，为有需要的学生提供实验指导；利用"赛·课堂"帮助学生采集实验数据。 * 利用"赛·课堂"统计全班数据，形成折线统计图，以"分析数据，不同斜面的作用有怎样的差异，有什么规律"这一问题引导学生分析数据，得出结论。

活动Ⅲ：交流斜面应用实例

学生活动	指导要点
1. 交流与讨论：基于结论和数据，应该选择哪种斜面修建方案。	* 以"基于结论和数据，并结合学校实际情况，哪个斜面修建方案更合适，为什么"这一问题，引导学生基于证据和逻辑进行综合分析，提出自己的见解。
2. 观察与交流： （1）观察：无障碍通道、旋转楼梯、盘山公路。 （2）找一找：生活中的斜面。 3. 活动小结：斜面在生活和生产中有广泛的应用。	* 引导学生观察三个实例，认识斜面在生活和生产中的广泛应用。
4. 阅读与分析： （1）阅读：南浦大桥浦东和浦西两侧引桥的相关图文资料。 （2）分析：为什么南浦大桥两侧引桥造型不同？ 5. 本课小结：斜面是一种简单机械，利用斜面能省力，坡度越小越省力，斜面在生活和生产中有广泛的应用。 6. 课后作业： （1）找一找：生活中还有哪些斜面应用的实例。 （2）说一说：斜面给人类生产和生活带来的便利。	* 以"为什么南浦大桥浦东、浦西两侧引桥造型不同"这一问题引导学生分析不同斜面的特点和作用。 * 借助"赛•课堂"的"作业助手"，要求学生提交生活中斜面应用实例的照片或资料。

（八）板书设计

```
            1.1 斜面
斜面是一种简单机械  利用斜面能省力
                    坡度越小越省力
斜面在生活和生产中有广泛的应用
```

（九）活动任务单设计（在"赛·课堂"教学系统上呈现）

活动Ⅰ：探究利用斜面是否省力

1. 活动材料：斜面装置、小车、数字测力计和平板电脑等。

2. 活动任务单

提起小车的方式	直接向上拉动	使用斜面拉动
拉动小车所用的力（牛）		

实验结论：利用斜面 ___ 省力。

3. 活动指导单

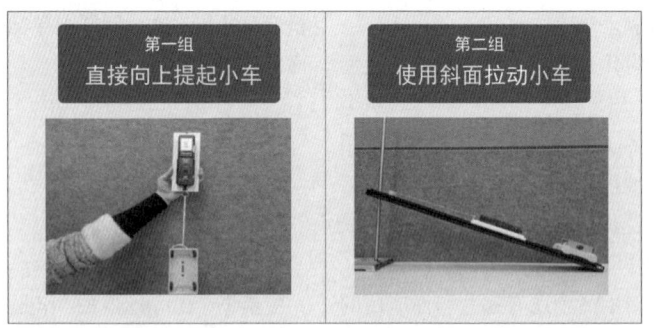

4. 学习评价单

动动小手，为自己点亮小星星！		
评价维度	活动要求	达成情况
科学思维	积极讨论，作出猜想	★
	分析数据，得出结论	★
探究实践	规范操作，科学实验	★
科学观念	说出斜面的作用	★
责任态度	合理分工，善于合作	★

（备注：若达成评价要求，请在"达成情况"一栏里将星星点亮）

活动Ⅱ：探究不同斜面的作用
1. 活动材料：斜面装置、小车、数字测力计和平板电脑等。
2. 活动任务单

斜面长度	长度最短	长度较长	长度最长
拉动小车所用的力（牛）			

实验结论：当斜面高度一定时，斜面越____越省力。

3. 活动指导单

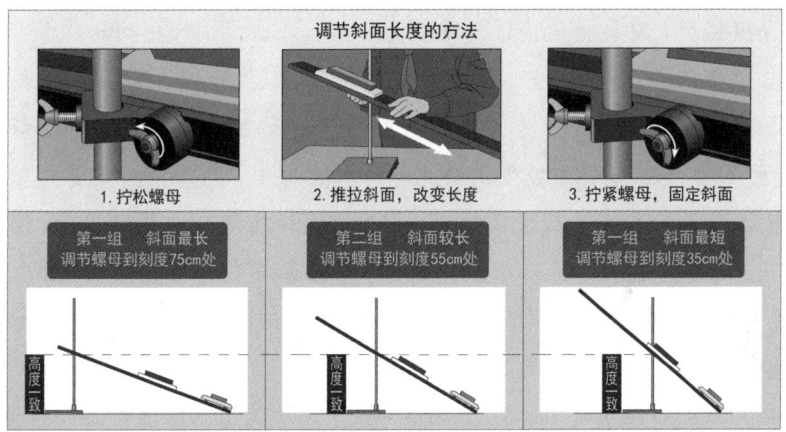

调节斜面长度的方法
1. 拧松螺母　2. 推拉斜面，改变长度　3. 拧紧螺母，固定斜面

第一组　斜面最长　调节螺母到刻度75cm处
第二组　斜面较长　调节螺母到刻度55cm处
第一组　斜面最短　调节螺母到刻度35cm处

4. 学习评价单

评价维度	活动要求	达成情况
科学思维	积极讨论，作出猜想	★
	分析数据，得出结论	★
探究实践	规范操作，科学实验	★
科学观念	说出坡度对斜面省力情况的影响	★
责任态度	合理分工，善于合作	★

动动小手，为自己点亮小星星！

（备注：若达成评价要求，请在"达成情况"一栏里将星星点亮）

二、课例点评

科学思维是科学课程要培养的学生核心素养四个方面中最重要的核心素养发展要求，对于科学教师而言也是最难做好的。《斜面》一课，在学生科学思维培养上提供了一种很好的实践思路。科学思维有三个要素——模型建构、推理论证和创新思维。在数字技术赋能下，本节课对于这三个要素有了较好的落实。

1. 层层深入，发展模型建构思维能力

本节课斜面模型的建构有三个层面：① 什么是斜面；② 斜面是省力机械；③ 斜面坡度越小越省力。在斜面模型建构的过程中，刘老师组织学生集体讨论与分析，在基于数字技术搭建的学习支架支持下，经历了"斜面的作用""斜面省力大小与斜面坡度的关系"这两次猜想和两次验证实验，层层深入，高质量地完成斜面模型的建构。

2. 深度探究，发展科学论证思维能力

作出猜想与假设的过程，是学生基于已有科学知识、生活经验和实验事实等，通过逻辑推理，对所提问题的可能答案进行解释的过程。在"斜面的作用""斜面省力大小与斜面坡度的关系"两次猜想中，刘老师引导学生依据生活经验和教师提供的事实进行逻辑推理，学生的演绎推理能力得以提升；在两次验证实验中，刘老师组织学生以小组为单元，借助数字化实验搜集的数据、"赛·课堂"教学系统汇总的全班数据进行分析归纳，学生的归纳推理能力得以提升。

3. 综合应用，发展创新思维能力

在本节课新知应用环节，刘老师搭建数字阅读支架，呈现南浦大桥浦西、浦东两侧引桥的差异，引导学生清晰地了解如何解决真实世界的问题。在解释真实问题的过程中，学生认识到工程建设必须综合考虑各个方面的因素，同时兼具创新要求，综合思维和创新思维也得到一定的发展。

本节课是上海小学科学教学数字化的经典课例之一，为"双新"推进提供了具有操作价值和借鉴意义的一课。除了科学思维的培育，本节课提供的启示还有很多。在核心素养导向和数字技术赋能下，教学研究与实践必须把握好三根线：第一根线，核心素养是目的、方向，落实核心素养的培育是贯穿教学全过程的一根红线，教师必须牢牢记在心中，不断提升自己对核心素养认识、理解的水平与高度；第二根线，科学思维的发展对教师而言是明线，纲举目张；第三根线，科学思维的发展对小学生来说是暗线，急不得，必须在潜移默化中不断内化和升华。

后记

在岁月的长河中，每一个重要的时刻都值得铭记。

2014年3月，我有幸参与《中学物理教学的革新，数字化实验系统（DIS）的研发与应用》这一重要成果材料的撰写工作。每当夜幕降临，我离开忙碌的岗位，便匆匆赶往上海市教育委员会教学教研室，与领导、专家共同讨论、撰稿、反复打磨，直至深夜。这一过程中，我对上海市中小学数字化实验系统研发中心所研发的数字化实验系统（DIS）有了更为深刻与全面的认识。

2014年8月，我正式入职市教研室，担任自然学科教研员一职。面对信息技术的迅猛发展，我深感小学科学教学正迎来前所未有的机遇与挑战。传感器技术的运用，使得实验数据的采集更加精准与高效；计算机技术的融入，为数据处理提供了更为便捷与智能的方式。这样的变革，不仅可以满足学生置身数字化学习环境的迫切需求，更为教学的创新与发展提供无限可能。

在学科教研工作中，我们积极探索"信息技术与科学课程深度融合"的教学模式。通过举办展示活动、开展骨干培训和组织评优评选等多元化途径，成功推进了数字化实验系统在小学科学教学中的广泛应用。这一过程中，形成了一支数字化实验系统应用的骨干队伍，积累了大量宝贵的实践课例。数字化实验系统已然成为教师实践创新的重要平台，为科学教学的改革与发展注入了新的活力。

对"信息技术与学科课程融合"的进阶，市教研室原副主任陆伯鸿指出有三个层次，一是"学技术"，二是"用技术"，三是"与技术共进步"。在学好技术、用好技术的基础上，教师要促进技术与教学共同进步，这样的融合才是深度的融合、真正的融合。

DIS是我们引进的技术，如何实践"与技术共进步"的理念？基于学科教与学方式变革的需求，在上海市中小学数字化实验系统研发中心的支持下，"赛·课堂"教学系统应运而生。通过中心工程师的努力，我们的需求不断变成现实，课堂教学提质增效；系统也因教学的需求而不断迭代，其功能与科学课程的特点和改革方向有了更好的对应与适应。

2019年11月，上海市闵行区七宝镇明强小学刘依婷老师和学校自然教研组在"中国教育学会科学教育分会第五届小学特级教师及名师论坛"上的教学展示，奠定了"赛·课堂"的基本架构。2020年2月起，"赛·课堂"在上海市闸北田家炳小学和上海市徐汇区徐汇实验小学两所学校常态化使用，在两所学校校长室的支持下，各教研组全体成员和区教研员与研发工程师直接对话，学科教师有了更多的技术视角，研发工程师有了更多的教学视角，因此"赛·课堂"也就有了众多的互动新功能和更多的课堂新实践。2022年9月，上海市基础教育教学数字化转型项目进入扩大试点阶段，"赛·课堂"接入"上海市中小学数字教学系统"，为中小学科学课程教学数字化转型服务，"赛·课堂"进入快速发展期。在2023年10月举行的上海市中青年教师教学评选活动中,小学科学所有参赛教师均将"赛·课堂"作为课堂教学使用的数字化教学系统,技术因选手的创造而有了新的进步,课堂也因技术进步而提升。

十年中,借助DIS和不断迭代的"赛·课堂"这两个数字化信息控制系统,上海市小学科学实现了从数字化实验到实验数字化、再到流程数字化和教学数字化的"跃迁",形成教学数字化的"情境—活动"课堂实践模式。

在数字化教学系统研发和课堂教学模式建构过程中,秉持以下理念:① 教育数字化转型要根植于课堂,教学数字化是教育数字化转型的核心和落脚点。② 教学数字化需要高质量的数字化教学系统,教师可以自主使用系统备课、上课和进行作业辅导,创建数字化课堂;"一台贯通,一键到底",实现课堂上只需操作一个系统,不再需要与其他软件或系统切换。③ 在备课时,教师需要利用数字化教学系统更好地预设课堂学习活动的互动点和生成点,也就是提前"埋点"——为"学生端"生成课堂资源的共享和反馈提前"埋点",为"教室端"电子大屏幕实时呈现学生活动中的过程数据与各类统计图表提前"埋点"。④ 基于"精心埋点"和系统对教学过程数据的回收与反馈,教师上课时需要灵活运用数据来驱动课堂,为有效调控课堂教学服务,为学生自主学习服务。

上海小学科学教学数字化的发展,离不开全市各区自然学科教研员和学科教师的支持与坚持,正因为教研团队全体成员的智慧与付出,才有了数字化实验系统在小学科学学科教学中高水平的应用与创造,才有了"赛·课堂"教学系统的不断迭代与改进。

感谢上海科技馆馆长倪闽景的鼓励与支持，倪馆长为本书所写的序言深刻地阐述了教学数字化的意义与价值，具有重要的指导作用。感谢陆伯鸿主任的指导与激励，正是陆主任全过程的适时与精心点拨，引导我将教学数字化已有的思考和实践系统地梳理并呈现出来，指引后续发展的方向。感谢上海市中小学数字化实验系统研发中心副主任李鼎博士的投入与付出，李鼎博士为系统迭代投入千万而未曾有任何经济回报，亲自指挥和指导工程师团队为满足教学需求而开发新功能，系统的先进性得以形成与发展。感谢为本书成稿及上海小学科学教学数字化发展默默付出的所有教研员、学科教师与工程师。感谢上海市松江区九亭第四小学领导和教师的关心与付出。感谢本书的责任编辑蔡洁，从书名、目录到全文，及时提供优化建议与思路，事无巨细，认真严谨。同时，我也要感谢我的家人和朋友们的支持与理解，他们的鼓励让我有勇气面对挑战与困难。

展望未来，教学数字化是一个充满机遇和挑战的领域。教学数字化要产生革命性的力量，必须实现数字化教学系统和学校网络的真正无限通畅，必须将平板电脑真正作为学生端和教师端。教学数字化，我们在路上，我们的路还很长。"赛·课堂"需要不断探索和创新，以更好地符合社会发展的趋势和满足教师、学生发展的需求。希望本书能引发更多的思考和实践，推动数字技术与教育教学的深度融合，加快教育数字化转型的步伐。让我们携手共进，"与技术共进步"，为教育数字化转型贡献自己的力量！

赵伟新